地域社会のための公共サービス

官民連携の評価と新たな展開の可能性

編著 　著
野村宗訓　宇野二朗
柏木　恵　金子勝規
　　　　　西藤真一
　　　　　藤原直樹

関西学院大学出版会

地域社会のための公共サービス

官民連携の評価と新たな展開の可能性

はじめに

　民営化と規制緩和が 1980 年代以降、世界的な政策潮流となり、あらゆる分野で民間企業の活動をサポートする制度設計が進められてきた。財政赤字を背景に政府が公的支出を抑制する措置を模索し、民営化・規制緩和を推奨する政策が支持され、多くの国で官から民への転換が促進された。国内では、複数の異なる省庁が制度改革をどのように進めるのかを競い合ってきた面もある。さらに、多数のシンクタンクやコンサル企業が PPP（官民連携）や PFI（民間資金等活用事業）のノウハウを蓄積し、様々な手法を開発している点から、現実に民営化と規制緩和を進めやすい状況が整えられてきた。

　民営化された企業は効率性追求を目指し、企業間競争によってサービス向上と料金低廉化が実現されている。近年はデジタライゼーションが進展した結果、エネルギー購入や交通機関の利用でもメニューの幅が広がり、消費者にとって選択肢が増えた。しかし、実際には規制緩和の弊害も生じている。多様なサービスをセットにした料金は、個々のサービスに要したコストが反映されているのか判断しにくい。また、事業者が採算性を重視するために、地理的に人口密度が低い不採算地域から撤退する傾向が強くなる。このような方針は「密度の経済性」から当然の成り行きと言えるが、スマートシティ構想などにより都市部と地方部の格差がますます拡大するおそれもある。

　本書の執筆者は国際公共経済学会（CIRIEC）に所属し、公益事業や自治体経営を研究対象としながら、現実の事例についても考

察を深めてきた。民営化・規制緩和のメリットを評価しつつも、「公共サービス」と「地域社会」という視点からは課題が多いと考えている。とりわけ、わが国では将来にわたって人口減少が続くため、地域社会で公共サービスをどのように継続的に供給していくのかについて考慮する必要がある。過去に政府や規制企業が中心となり供給してきた公共サービスが、民営化された企業や一定の条件をクリアした企業によって提供される時代に入った。「地域独占」「法的独占」という概念は消滅しつつあり、地理的な内部相互補助が機能しなくなってしまったので、自治体や住民の意思に基づき公共サービスの供給方法を決定することが求められている。

「公共サービス」という用語の定義は容易ではないが、公共主体の提供するサービスを指すというよりも、社会生活に欠かせないサービスを意味すると考えるのが適当であろう。したがって、民営化・規制緩和の政策を実施した後に、サービスの必需度が低下するものではない点を再確認しておかなければならない。もちろん、人口増加を前提としていた時代と同じサービスレベルが妥当だとは言えないことも確かである。「地域社会」という用語は地理的に特定のエリアを指して使うことが多いが、全国レベルで考えると地域の集合体が国となっている点からは、地域社会を存続させる方策の重要性は高いと言えるだろう。

本書では上水道、下水道、電力、鉄道、空港、大学、医療・病院に焦点をあてて、地域社会の維持について検討している。これまでに上下水道や電力、交通産業に関しては、実証分析や制度改革の研究が進められてきた。また、大学運営については教育政策から、医療・病院については福祉政策からアプローチした研究が中心であった。本書は公共性が高い分野を横断的に取り上げ、必

要に応じて他国との比較を加えている。それぞれの章では、どのような改革が進められてきたのかを把握した上で、地域社会の維持にとって求められる今後の方策を明らかにするようにした。

各章の構成と概要は以下の通りである。

第1章では、「水道事業改革の成果と課題」について解説する。水道事業は大規模な施設を必要とするとともに、生活や都市活動に必要不可欠であり、地方自治とのつながりが強いことなどから市町村公営の地域独占事業として発達してきた。このため中小規模の水道事業者も多い。現在では、施設の老朽化、低い耐震性、高度経済成長期や1990年代に集中投資した施設の大量更新、人口減少に伴う水使用や収益の減少、技術職員不足が課題となっている。

1990年代以降、ほかの公益事業分野での規制改革・民営化の動きからの影響を受ける形で、水道事業においてもその議論が進められたが、実際に実施された改革は穏健なものであった。すでに1960年代頃から国庫補助制度等が発達するにしたがって、水道は地方部でも市町村公営によって普及するようになっており、地域とのつながりが密接であった。一方で、それゆえに小規模なものも多く、経営基盤の強化のために広域化が要請されている。地域において水道事業を再構築していく際には、公益事業としての経営基盤の強化を図ると同時に、ドイツのシュタットベルケにおいて地域資金循環が意識されているように、地域経済の核となり得るように官民連携や広域連携、さらには上下水道連携に取り組む必要がある点を明らかにした。

第2章では、「国際比較の中での日本の下水道経営改革」について考察する。日本の下水道は公共サービスとして、汚水の浄化

や雨水の排除を通じて地域の清潔な環境を維持し、住民の健康な生活に寄与している。これまで市町村が主体となりつつ、国の財政的支援によって全国的な普及とサービス水準を維持してきた。しかし、少子高齢化が進む中で、下水道の事業課題は「普及促進」から「効率的な維持管理」へと変遷している。政府は地方自治体の上下水道事業を広域的に統合し、官民連携という公共モデルと民間モデルを掛け合わせることにより事業の効率化を推進している。

日本における改革の取り組みは、1990年代からイギリスをはじめ欧州で進められた、国と地方または行政と民間の新たな役割分担の変更、あるいは下水道サービス供給の費用負担のあり方といった、下水道システムやガバナンスの制度を根本的に変える改革にはなっていない。現状の下水道サービスレベル維持のため、日本の下水道事業では地震や大雨に対応できる「冗長性」が求められ、官民連携における発注者と受託者の役割・責任分担、災害時の人的動員などの条件設定が複雑になる。この点が改革の進む欧州などと日本の前提条件の大きな相違であることを論じている。

第3章では、「電力改革の成果と課題」を整理している。必需財である電力は独占的供給を認められてきたが、独占・寡占の非効率性が問題視され、1980年代から電力自由化が世界的な潮流となっている。日本では2000年代から小売自由化が段階的に進められたが、2011年3月の東日本大震災以降は競争促進だけではなく、広域的な安定供給も重視されていることを確認する。津波の被害を受けた東京電力福島第一原子力発電所の廃炉と被災地支援という大きな課題も残っている。政府は原子力損害賠償・廃炉等支援機構を設立し、廃炉と支援業務を遂行している。同機構が東京電力の大株主になっている点と、使用済み核燃料の処分に

ついては原子力発電環境整備機構が対応していることも明らかにする。

電力自由化を積極的に進めたイギリスに注目し、国際連系線や原子力発電所の運営に関して他国と協力を深めることによって安定供給を維持してきた点を紹介する。また自由化後に起きた参入企業の破綻や料金高騰の問題については、政府介入によって解決策がとられていることを明らかにする。自由化導入に伴い、設備投資や料金設定で弾力的な戦略が展開できるように改革されたが、長期的視点から計画的な投資を着実に進めていくことは難しくなった。2050年を目標に脱炭素化推進と水素社会構築が不可欠であり、事業者には環境改善のための投資や燃料転換も必要になっているので、政府主導の政策措置が欠かせない点を再確認する。

第4章では、「地域交通の再構築と官民連携——イギリスの鉄道改革から学ぶ」に関する考察を行っている。マイカー社会と化した地方では人々のモビリティをどう確保するかが課題になっている。地方では人口の減少や少子化の影響による利用者の減少や運転士不足といった複合的な要因からサービス水準が低下し、それがますます利用者離れを招く「負のスパイラル」に陥っているのが実情である。その流れを食い止めるべく、地域住民らも参画する主体的な取り組みが期待されていることを示す。

法的には2007年に「活性化再生法」が策定されて以降、各地で事業者、住民、自治体との相互連携による交通計画の立案がなされるようになった。近年では「独禁法特例法」による共同経営や「エリア一括運行」も認められた。イギリスの鉄道では「上下分離」による競争促進を企図したものの、結局、GBRという公企業を設立して、民間委託で鉄道を運営することになった。このように、地域が主体となり交通計画を立案する手法がますます重要

になると考えられる。その際、まちづくりと連携し、それぞれの地域にあった適切な交通機関を選ぶ「交通網の再構築」という発想が鍵となることを明らかにしている。

第5章では、「空港運営の民間企業化」についての動向を解説している。日本には97の空港が存在する。すでに空港の配置という面では概ね整備は完了したとみなされており、今後はいかに利便性の高い空港を効率よく運営するかという点が重要になってきた。欧州では航空自由化とともに空港の民営化も実施され、事業者がビジネスマインドを発揮しやすい環境に移行している。イギリスではマンチェスターにおける空港会社が地域開発に参画し、空港を地方ハブとして機能させている点を紹介する。

日本では所有権については国や自治体に置いたまま、空港の運営権を民間に委託する「コンセッション」が導入された。今後の地方空港における民間のノウハウを活かした空港運営に期待が集まるが、二次交通や人材不足の課題も残されている。少子化の影響と労働条件から人材確保は難しいが、事業者はAI活用などにより生産性を高める努力を払うとともに、働きやすい環境を整備する必要がある。それらを進めるためには、公的な支援策も求められる点について明らかにした。

第6章では、「人口減少下における大学運営」を取り上げている。日本の大学数は増え続け、2022年度には807校に達したが、都心部の大学に学生が集中し、地方大学は定員割れになっている点をデータから確認する。2000年代半ばから自律的な環境の下での国立大学活性化を目標として、大学法人化の機運が高まり、公立大学の法人化移行も進められている。自治体が設置団体として関与し、私立大学を公立大学に移行させる事例にも焦点をあてた。

高等教育で長年の経験を積み重ねてきたイギリスでは、自国の

学生数が増えないため、政府は他国から留学生を受け入れる方針を貫いている。学生数が多い大学はロンドンだけではなく、地方都市にも分散している。イギリスの大学にはブランド力があり、世界から学生が集まってくるが、その背景には、研究内容が充実している点と地方都市であっても近隣に国際空港があり、鉄道やバスのアクセスが良いという点も影響している。

文部科学省は大学教育再生の戦略的推進に関連して、地域活性化につながる実践的教育と社会貢献を意識した人材育成を重視している。地方創生実現のためには、「事業協働地域」内の自治体と教育機関が緊密な協力関係を築き、教育と産業を結びつける活動を実践することが不可欠と考えられている。具体的には、地方中核都市で一定のアクセス条件が満たされる場所を選定して、大学の地方ハブ化を推進すべき案を示した。

第7章では、「変貌する医療・病院経営 —— イギリスの官民連携と地域医療から学ぶ」について説明している。日本の医療制度は、イギリスのベヴァリッジの医療政策やドイツの社会保険制度を参考にし、制度設計された国民皆保険の医療制度で、民間病院や公的病院が医療を提供している。地方部では、公立病院が担う役割は大きい。日本は人口減少社会、少子高齢化社会を迎えている。先進諸外国に先駆けて高齢化社会に突入し、長年の低い出生率と平均寿命の長さから、今後はますます人口が減少し、高齢者の多い国となる。

日本では、都道府県が医療計画や地域医療構想を策定しており、公立病院の経営は厳しいとされ、地域社会として医療の持続性を考える必要がある。地域医療の持続性や効率化に向けて、東京都立病院のPFIや公立病院のコンストラクション・マネジメントの事例とともに、イギリスの地域医療のために考案された

ローカル・インプルーブメント・ファイナンス・トラストの事例を検討している。

第8章では、「タイの保健医療制度の発展と新たな展開」について紹介する。東南アジアの中でも少子高齢化が特に進んでいるタイを取り上げ、高齢社会における保健医療制度のあり方を検討している。タイの保健医療制度では地域医療を主に担っているのは保健省管轄下の公立病院であるが、病院数と医療従事者数はともに少なく、医療機関ごとに病院機能を分化させる措置を活用して全国に保健医療サービスを提供している。国民医療費に占める公的部門の比率は7割を超えており、公的部門の役割が極めて大きいという特徴がある点を示した。

一方、主に都市部に立地している私立病院は、高度で高品質な医療サービスを提供しており、公立病院との間に大きな格差を生じさせているものの、国全体の医療サービスの質の向上に一役買っている。医療従事者が比較的少ないタイの保健医療制度を維持する上で、100万人を超える保健ボランティアが貢献していることも特筆すべき点である。国の保健医療制度の維持には住民のボランタリズムが不可欠な要素であると考えられる。地方分権化と高齢化社会の進展に伴い、保健医療分野における自治体の役割も大きくなり始めており、政府・民間・コミュニティの三者が参画する保健医療制度へと変革が求められていることを明らかにした。

このような8章構成で、上下水道、電力、鉄道、空港、大学、医療・病院という「公共サービス」の分析を試みた。これらのサービスが民営化・規制緩和によって、どのような影響を受けたのかを解明しようとしている。特に、地域社会が被るダメージを緩和するために、官と民がいかなる連携をしていくことが望ましいのかを追究した。欧州の中でも改革に早くから着手したイギリスを

取り上げている章が多いが、最終章ではタイの事例に焦点をあてている。今後はアジアとの比較研究も必要であると考えている。

　国際公共経済学会を創設した初代会長の尾上久雄先生と第2代会長を務めた新田俊三先生が、過去に民営化に関する示唆に富む下記のような論稿を残している。民営化がブームになってきた1980年代半ばから後半に掲載された対談と論文である。

- W. レオンチェフ・尾上久雄 対談「公企業民営化の功罪を問う —— 性急な『自由化』は問題」『エコノミスト』1985年5月14日号.
- 尾上久雄「揺れ動く日米欧の『民営化』論 —— 市場経済下の公企業の役割とは」『エコノミスト』1986年7月29日号.
- 新田俊三「民営化の前に公共政策の再検討を —— 日欧における民営化路線の違い」『エコノミスト』1988年8月16・23日号.

　ここでそれらの内容を詳細に紹介することはできないが、タイトルが示しているように、現在直面している課題が、当時から指摘されていたことがわかる。本書の作成過程において、これらの論稿で言及されている問題意識について、執筆者間で共有してきた。今後も地域社会の存続をめぐる議論は続くと予想される。引き続き、国際的視野から制度設計に寄与できる知識と情報を収集して、望ましい政策を模索していきたい。

　　　　　　　　　　　　　　　　　　　　　　　　野村 宗訓

目　次

はじめに .... 野村 宗訓　i

第1章　水道事業改革の成果と課題 .... 宇野 二朗　1

第2章　国際比較の中での日本の下水道経営改革 .... 藤原 直樹　27

第3章　電力改革の成果と課題 .... 野村 宗訓　51

第4章　地域交通の再構築と官民連携 .... 西藤 真一　69
　　　　──イギリスの鉄道改革から学ぶ

第5章　空港運営の民間企業化 .... 野村 宗訓／西藤 真一　87

第6章　人口減少下における大学運営 .... 野村 宗訓　107

第7章　変貌する医療・病院経営 .... 柏木　恵　129
　　　　──イギリスの官民連携と地域医療から学ぶ

第8章　タイの保健医療制度の発展と新たな展開 .... 金子 勝規　153

おわりに .... 柏木　恵　179

執筆者略歴　181
索引　185

第1章

水道事業改革の成果と課題

宇野 二朗

第1節 市場の特徴と現状把握

(1) 水道とは何か

人の生命にとって水は不可欠であり、また、人々は、生活用や都市活動用として水を使用している。

水道水とは飲用に適したものを指す。法律上、水道とは「水を人の飲用に適する水として供給する施設の総体」(水道法第3条第1項)であり、取水施設、導水管、浄水施設、送水管、ポンプ施設、配水施設、配水管などが含まれる。水道はこうした一連の施設を持つ巨大な社会基盤施設である。

こうした水道により、一般の需要に応じて水を供給する事業のことを水道事業と呼ぶ(水道法第3条第2項)[1]。水道事業のうち給水人口が5,000人以下のものを簡易水道事業と呼ぶ(水道法第3条第3項)。水道事業が広く住民等に直接水道水を供給する事業で

---

1 給水人口が100人以下である水道によるものを除く。

あるのに対して、水道事業者に対してその用水を供給する事業を水道用水供給事業と呼ぶ（水道法第3条第4項）。

水道水は、飲料・調理、洗濯、風呂、掃除、水洗トイレなどに用いられる「家庭用水」や営業用水、事業所用水、公共用水、消火用水といった「都市活動用水」として私たちの生活に必要不可欠なものである。

もっとも1887年、横浜での近代水道[2]の創設当初、水道敷設や関連する制度創設の議論においては、コレラ等に対する防疫の観点が強調されていた。それまで水を汲んでいた井戸等が汚染されるようになると、近代水道は、単なる生活の利便性向上を目指すものを超えて、貧富を問わず住民全体に必要不可欠なものとなり、水道敷設は、当時の社会における分断を解消し、統合を図る意味も持った（中嶋, 2010）。

1950年に26.2％であった水道普及率は、1950年代以降に地方部でも整備が推進された結果として1980年には91.5％に達し、「国民皆水道」がほぼ実現している。2022年度末では98.3％である（国土交通省, 2024）。

（2）水道水源

水道には水源が必要である。水源には、ダム、河川水、井戸水、伏流水、湖沼水などがある。その市町村が置かれた地理的な条件や規模などによって水源は様々である。水は重く、運搬にコストがかかることや水利権が必要であることもあり、もともとは

---

[2] ろ過等による浄水された飲用水を外部から汚染されないように鉄管等により、圧力をかけて常に供給する施設の総体。

身近な水源が用いられることが多かったが、人口増加の局面において大量の水を確保する必要からダムへの依存度が高まり、自区域内を超えた（場合によっては都道府県域も超えた）遠方に水源を求めざるを得なくなるケースが多くなった。2021年度現在の日本では、ダム（48.4％）や河川水（25.1％）など表流水を水源としているものが多い（日本水道協会, 2022）。

一方、地方部の小規模水道事業では、集落ごとに身近な水源を用いた水道施設が建設されてきた結果として、市町村区域内に小さな水道ネットワークが散在している例も多い。

(3) 市町村と水道事業

水道事業は、市町村営が大半を占めている。横浜での近代水道建設が進む1890年、水道敷設を律するために水道条例が制定されたが、その過程では、独占の弊害を避け、普及を促進するために地方庁による方針が議論されていた。その中で市制町村制（1888年公布）が先行して制定されたことを受けて、最終的に、水道建設は市町村に限られることになった。その後、市町村以外の者が水道事業者となる道も開かれ、実際に府県営や民営の水道事業も現れたが、市町村営が原則であり続けた（松本, 2020）。

第二次世界大戦後の1957年に水道法が制定され、水道の「市町村経営原則」が確立された。それに先立ち1952年に制定されていた地方公営企業法では、自治体の水道事業を地方公営企業の形態で経営することが定められた。市町村が水道事業（簡易水道事業を除く）を運営する際には、地方公営企業法が適用され、自治体行政組織から一定程度独立した「地方公営企業」の形態をと

表1-1　経営主体別事業数 (2022年度)

	事業数		
		末端給水事業	用水供給事業
上水道事業	1,313	1,243	70
都道府県営	25	4	21
指定都市営	20	19	1
市営	665	663	2
町村営	503	502	1
企業団営等	100	55	45
簡易水道事業	468	468	0
都道府県営	0	0	0
指定都市営	2	2	0
市営	74	74	0
町村営	390	390	0
企業団営等	2	2	0
合計	1,781	1,711	70

出所：総務省自治財政局 (2023) に基づき筆者作成。

ることになる。地方公営企業では、発生主義[3]に基づく企業会計方式と条件付きの独立採算制が採用されると同時に、原則として管理者が設置される (細谷, 2018)。

この地方公営企業法の制定過程では、水道事業のような住民に身近な事業を市町村が担うことは地方自治の発展に資することも強調された (宇野, 2023)。

1950年代後半から60年代の水需要の増大を背景に、水資源開発のための県営や企業団営の事業が増加したが、市町村営の水道

3　現金等の増減という事実に基づいてではなく、経済資源の発生という事実に基づいて会計取引を認識する方法であり、企業会計で用いられている。

事業に水を供給する水道用水供給事業がほとんどを占め、末端給水事業において市町村営が中心であることに大きな変化は見られなかった（宇野, 2017）。

令和4年度の『地方公営企業年鑑』によれば、2022年度には、自治体が経営する水道事業は1,781事業、そのうち上水道事業が1,313事業、簡易水道事業が468事業である。上水道事業のうち、一般の利用者まで水を供給している末端給水事業は1,243事業であり、その内訳を詳しく見ると、都道府県営4事業、指定都市営19事業、市営663事業、町村営502事業、企業団営等55事業となっている。簡易水道事業については、一部事務組合営が2事業ある以外は市町村営である。このように市町村営が大半であることがわかる。その結果、上水道事業の約半数が給水人口3万人未満の事業となっている（総務省自治財政局, 2023）。

(4) 水道の費用構造

水道水を作るには、水源から原水を取水し、それを浄水場に導水し、浄水場で浄水した後に、それを各配水池まで送水し、そこから各戸の給水管まで配水するという一連の過程を経る。その過程では浄水施設などの水道施設が必要となるが、特に配水管は地中に張り巡らされている。場合によっては災害や事故に備えるためにブロック化され、ループ化されるなど膨大であることから、水道事業で働く人々の人件費や浄水するための薬品費などよりはるかに多額の資本費がかかる。これは施設建設にかかった建設改良費やその資金調達から生じる費用（減価償却費や支払利息）である（表1-2）。

このように、水道事業の費用構造は一般的に固定費割合の高い

表1-2　給水原価 (2022年度)

	1m³あたり金額（円）	
	総計	うち簡易水道事業
職員給与費	16.86	33.27
支払利息	5.37	20.45
減価償却費	62.43	186.73
動力費	9.93	17.77
光熱水費	0.33	3.14
通信運搬費	0.87	2.51
修繕費	14.01	19.73
材料費	0.47	1.01
薬品費	1.78	2.32
路面復旧費	0.54	0.22
委託料	20.11	42.51
負担金	2.56	4.94
受水費	21.23	13.11
その他	8.81	21.55
費用合計	165.29	369.26

出所：総務省自治財政局 (2023) に基づき筆者作成。

ものであり、既存施設の供給能力を超えない限りにおいては、費用逓減の傾向、規模の経済性が見られる（高田・茂野, 1998）。また、家庭用水需要の価格弾力値は低く、極めて非弾力的であるなどから生活必需の財である（浦上, 2000）。こうした経済的な特性から、水道事業は地域独占により公企業によって担われてきた。

　水道法は、認可制をとり、その認可基準の一つに「給水区域が他の水道事業の給水区域と重複しないこと」をあげ（水道法第8条第1項第4号）、地域独占を規定している。さらに、「水道事業は、原則として市町村が経営するものとし、市町村以外の者は、

給水しようとする区域をその区域に含む市町村の同意を得た場合に限り、水道事業を経営することができるものとする。」と規定し、「市町村経営原則」を掲げている（水道法第6条第2項）。

(5) 独立採算制と水道料金

　この費用はいったい誰が負担しているのか。自治体が経営する水道事業の経費は、原則として、その地方公営企業の「経営に伴う収入」を充てなければならないとされている（独立採算制）。もっとも、独立採算制の例外として、一般会計が負担するべき経費（「行政経費」と「不採算経費」）もある。さらに「災害の復旧その他特別の理由により必要がある場合」（地方公営企業法第17条の3）には水道事業に補助でき、「一般会計繰出」が行われている。

　どのような経費について一般会計繰出をするべきかについては、毎年度の地方財政計画に合わせて発出される総務副大臣通知において示される一方で、各自治体の事情に合わせ、それを超えた一般会計繰出が行われることもある。

　このように独立採算制が基本となっているが、水道料金はどのようなものであるべきだろうか。水道料金に関して、地方公営企業法は、①公正妥当なもの、であり、②適正な原価に基づき、③健全な運営を確保することができるものという三つの要件をあげている。これと重畳的に適用される水道法でも、適正な原価に照らし、健全な運営を確保することができる公正妥当なものであることをあげ、また、定率又は定額をもって明確に定められていることもあげている。

　ここで、「健全な運営を確保することができる」とは、「企業」として「自己再生産」が可能となるシステムになっていること、

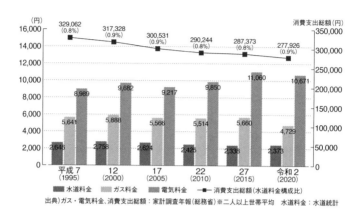

図1-1　家庭用（1か月あたり20m³）の水道料金と他の公共サービス料金との比較
出所：日本水道協会「日本の水道の現状」
http://www.jwwa.or.jp/shiryou/water/water.html（2024年3月20日閲覧）

すなわち必要な利益を計上することを意味する。

　単年度だけを見れば利益は不要である。株式会社と異なり、地方公営企業には株主がいないことから、株主に対する配当の形で企業外部に利益を還元していく必要がないからである。しかし、水道事業は施設型産業であるから、施設の拡張、改良、更新が必要となるため、企業内部にそのための資金を貯めておく必要がある。

　確かに、建設費を事後的に長期にわたり分割して費用に計上する減価償却費のような内部留保資金もあるが、その計算の基となる資産額が取得時の物価水準によるものであることから、物価変動や施設の機能向上などを考慮するとそれだけでは不十分だと言われている。

　そのため、水道事業でも「利益」の計上が認められている。ただし、民間企業の利益とは配当しない点などで性質が異なること

から「資産維持費」と呼ばれる。

　資産維持費の算定には「(償却) 資産額×維持率」という計算方法が、日本水道協会による「水道料金算定要領」で示されているが、大都市を中心に将来に必要となる更新投資額を明示したうえで積み上げる方式が採用されていることも多い。

　実際の水道料金は家庭用に配慮したものとなっている。家庭用1か月の平均的な水道料金は2300円強であり、消費支出総額に対して0.9％程度である。水道料金は、電気料金やガス料金と比べると安価であることがわかる (図1-1)。

(6) 水道事業が直面している課題

　日本の水道事業が直面している課題としてあげられるのは、①高度経済成長期や1990年代に集中的に建設された大量の施設の更新の必要性、②低い耐震性、③人口減少に伴う水使用の減少とそれ以上に減る水道料金収入、④職員の減少である。

　水道施設は、高度経済成長期と1990年代頃に集中的に整備されてきたため、材質によるが管きょ (水道管) の物理的な耐用年数が40年から70年程度と言われる中で、老朽化が急激に進むことが見込まれ、大量に更新を行っていかなければならなくなる。しかも、古くに整備された管きょは現在のものより材質が悪く、また、耐震性について十分な配慮がなされていなかった。そのため古い管きょが多ければ多いほど耐震化率が低い傾向が見られ、更新の必要性が高い。

　その一方で、水道事業の経営環境は厳しい。人口が減少に転じて節水機器が普及したこと、また、都市活動が低迷していることもあり、水使用量は減少している。

高度経済成長期には、大口使用者の費用負担を多くし、水需要を抑制するとともに、その分で小口・中口使用者の負担を軽減しようと逓増制の料金体系が採用されてきた。大口の使用水量が特に減る傾向の中ではそうした料金体系は逆向きに作用している。逓増制の料金体系の影響で使用水量が減るよりも収入の減少幅の方が大きくなっているケースも多く見られるようになっている。

　さらに、整備が完了した水道事業が多く、また、公共事業が削減されてきたこともあり、水道事業に携わる職員数は大きく減少してきている。人口減少の局面に入り、水道事業では、職員を増加させようにも、特に技術職員の確保が難しくなっている。

第2節　規制改革・官民連携の動向 [4]

(1) 水道料金制度の改革

　水道事業においては、電力・都市ガス事業などそのほかの公益事業の分野と同様に公的部門の縮小を目指す新自由主義的傾向の強化が見られたが、改革は緩慢なものであった。

　1990年代以降に分野横断的に規制緩和を求める声が高まり、公益事業分野においてそれは公共料金問題として現れた。その背景には、物価一般における内外価格差が問題化していたことがあり、その解消には経済規制の緩和が鍵であると考えられた。また、効率化を促す料金規制（インセンティブ規制）が注目を集め、電力やガス事業など様々な分野で実施に移された（公益事業学会, 2005）。

4　本節は宇野（2023）に基づく。

しかし、水道事業において認識されていた課題は内外価格差というよりは、内々価格差であった。1970年代末頃から高料金水道対策は講じられるようになっていたが、1980年代を通じてその解消が政策課題となっていた。家庭用料金（10m³/月）の最高と最低の倍率が20倍を超えていた1980年頃よりは緩和していたが、1994年頃にも最高と最低の倍率は9.7倍あった。

とはいえ、そのほかの公益事業での改革動向の影響力は強く、水道料金の制度改革についても議論せざるを得なくなり、日本水道協会において「水道料金算定要領」の改定が議論されることとなった（荒川, 2002）。しかし、その過程では、インセンティブ規制が議論されていた電力・都市ガスなどそのほかの公益事業を意識しながらも、それまでの「水道料金算定要領」によって採用されてきた「総括原価方式」が基本的に維持されることになった。

確かに、日本水道協会に設置された研究会に電力料金制度などの事情に詳しい研究者が招聘され、議論が行われた結果として、経営効率化を促すために、資産維持費の計算に金融市場の動向を反映させることで計上できる利益額に上限を設けようとする資産維持率の計算方法が採用されることになった（表1-3）。しかし、それはあくまでも料金上限を定めるものと理解され、所要額を積み上げる従来方式は完全に否定されたわけではなかった。

しかも、2000年代半ば以降になると、人口減少と大量の更新投資という政策課題が顕在化する中で金融市場との連動方式は放棄され、2008年に改訂された「水道料金算定要領」では、全国規模で試算された更新需要所要額から逆算される資産維持率が資産維持費の計算方式として採用されるようになり、それまでの所要額を積み上げる計算方式に近づけられた。

表1-3 「水道料金算定要領」における資産維持費の計算方法の比較

	1979年版	1998年版	2008年版
資本費用	資本費用=支払利息+資産維持費	資本費用=支払利息+資産維持費	資本費用=支払利息+資産維持費
資産維持費	資産維持費=企業債償還金+減価償却不足額+その他事業維持に必要な額	資産維持費=対象資産×資産維持率 資産維持率=平均的な自己資本構成比率×繰入率 平均的な自己資本構成比率=50% 繰入率=政府引き受け企業債利率の直近5か年平均の率を基準、一般産業の平均的な自己資本利益率によることもできる。	資産維持費=対象資産×資産維持率 資産維持率=3%を標準 ただし、計画的に自己資本を充実させるために設定される自己資本構成比率の目標値を達成するのに必要となる額を算入するのでもよい。

出所:筆者作成(宇野, 2023)。

(2) 民営化と官民連携の推進と自治体の反応

　一方で、水道事業の民営化や官民連携を促進する動きも見られた。水道民営化は、イングランドとウェールズでの地域水管理公社(Regional Water Authority)の民営化方針が公表された1980年代半ば頃から「イギリスモデル」として紹介されるようになった(内貴, 1988a; 1988b)。イギリスモデルとは、広域的な水道公社を民営化するとともに独立規制機関が設置されるモデルであり、中小市町村営が中心である日本の現実とは大きく乖離したものであった(川本, 2005)。

　2000年代以降、イギリスモデルと異なるモデルとして「フランスモデル」に言及されることが増えていった。フランスモデルとは、水道事業を長期的・包括的に民間企業に委託する方法だが、

施設所有は自治体に残すものであり、委託範囲によって複数の形態が含まれる（竹内, 2002）。

こうした中で民間企業の水道事業への参画を容易にする制度改革が進められた。

第1は、1999年のPFI法（民間資金等の活用による公共施設等の整備等の促進に関する法律）制定である。これは、公共施設等の建設、維持管理、運営を民間の資金、経営能力、技術的能力を活用し、国や地方公共団体が直接実施するよりも低廉で良好なサービスを効率的・効果的に提供することを目的としたものである[5]。これは、水道事業だけを対象としたものではないが、水道はPFI法第2条の「公共施設等」の一つとされている。

第2は、2002年の水道法改正によって創設された第三者委託制度（水道法第24条の3）である。これは、水道施設の管理、水質管理、給水装置の検査などの技術的な業務を、民間企業も含む第三者に委託できるようにするものであり、受託者は水道法上の責任も負う。

さらに、水道民営化や官民連携の促進に関して国レベルでの議論が進められた。その舞台となったのは、小泉純一郎内閣において2001年4月に内閣府に設置された、民間企業経営者を中心メンバーとする総合規制改革会議（2001年4月から04年3月まで）であった。そこでの議論は、水道事業に限定されたものではなく、公的関与の強い市場、すなわち「官製市場」の開放を旗印としたものであった（八代, 2005）。

総合規制改革会議では、水道事業に関して、可能であれば自治

---

5 「民間資金等の活用による公共施設等の整備等の促進に関する法律（平成11年法律第117号）」第1条。

体の判断によって民間事業者への譲渡等による民営化を図るべきであること、そのために水道法では設備所有は水道事業者になるための要件とされてないことの周知を図るべきこと、さらに第三者委託制度を超えて料金設定への関与等を含めた包括的な民間委託を推進するべきことが提言された（総合規制改革会議, 2002a; 2002b）。その結果、2003年3月の「規制改革推進3か年計画（再改定）」では、水道事業については「できる限り民営化、民間への事業譲渡、民間委託を図る」と記された[6]。

これに対して、厚生労働者は同趣旨について水道事業者等に事務連絡を行うなどしたが、動きは緩慢であった。その一方で、厚生労働省は2004年に「水道ビジョン」を策定し、技術面や財政面での基盤強化のために「新たな概念の広域化」を提唱し、事業統合としての広域化に限らない、施設の共同化や管理の共同化も含む広義の広域化を推進していくことになる。

実際、2000年代を通じて、水道事業でのPFI導入はあまり進まなかった。水道事業では浄水処理施設の全体にPFIを導入する例は見られず、発電施設や排水処理施設など一部に導入されている例が大半であった。第三者委託は一定程度の拡がりは見せたが、簡易水道事業を対象とした小規模なものも多く、すべてが民間企業に委託されたものでもなかった（厚生労働省健康局水道課, 2007）。

一方で、PFI法が想定するように資金調達までを事業範囲には含まず、設計・建設・運営について包括的に委託するDBO（Design Build Operate）方式により水道施設において官民連携を取り入れるなど、多様な形での官民連携が模索されていた。

6　https://www8.cao.go.jp/kisei/siryo/030328/index.html（2024年4月6日閲覧）

そうした中で、2011年、公共施設等の建設を伴わない既存の施設運営に関しても民間企業の本格的な参画を可能にするため、公共施設等運営権制度を活用したPFI事業の新たな方式（「コンセッション方式」）がPFI法改正によって創設された。

これによって、料金設定や更新投資も含む水道事業全体を民間企業が実施することが可能になり、その発展が期待され、水道事業に関してもその導入促進が国の政策となった。

しかし、この方式は水道事業においては官民双方にとって使いやすいものではなかった。この方式では、自治体が水道事業者としての地位を失い、施設所有者であるに留まる一方で、水道法上の水道事業経営の認可を受託する民間企業（公共施設等運営権者）が受けることになる。そのため、受託する民間企業は水道法上の常時給水義務等を負い、水道施設全般について、より一層大きな責任を負わざるを得なくなる。こうしたことから、実際には水道事業においてコンセッション方式が導入されることはなかった。

(3) 2018年の水道法改正と官民連携の推進

そこで、2018年、水道法を改正し、水道施設運営権制度が創設された。これを用いた水道施設運営等事業実施制度（改正水道法に基づく新たなコンセッション方式）では、自治体は水道事業者として最終的な給水責任を負う一方で、厚生労働大臣の許可を受けて水道施設に関する公共施設等運営権を民間企業に設定できることとなった。認可を受けることにより、水道事業の公共性を担保するための国の関与も強化された。

この水道法による水道施設運営等事業実施制度を活用した官民連携として、2022年4月から、宮城県で水道用水供給、工業用

水道、流域下水道の三事業の一部を期間20年間で民間企業に一体的に委託する「宮城県上工下水一体官民連携運営事業（みやぎ型管理運営方式）」が実施されている（宇野, 2020）。

　宮城県では、人口減少を背景として料金の引上げが不可避であるところ、官民連携によれば、その引上げ幅を抑えることができそうだという試算結果が導入を後押しした。実際、民間企業からの提案では、宮城県が想定するよりも事業費は少なくなっていた。

　もっとも、みやぎ型管理運営方式では民間企業への委託範囲が、民間企業が効率的に取り組める範囲に限定されている。たとえば、他事業の区域と重ならず効率化が難しい流域下水道事業は事業範囲から外され、また、地中に埋まっているためリスクの大きい管路の維持・更新についても事業範囲から外されている。その結果、みやぎ型管理運営方式は、これまで浄水場の運転管理に限られていた民間委託の範囲を、薬品・資材の調達と設備の修繕・更新工事にまで広げるというものになった。また、料金設定は県が行うものとされるなど県によるコントロールが重視された。

第3節　自治体対応と地域社会への影響

(1) 水道事業と地域社会

　水道事業は、大規模の自治体から中小規模の自治体に至るまで大半の自治体が直接運営しているものであることから、地域社会とのつながりは強い。

　まず、水道事業が自治体直営であることから、毎年度の予算や料金改定などの水道事業に係る重要な決定には地方議会の議決が必要であり、水道事業には地域住民の民主的な関与が要請されて

いる。そのため、水道料金が政治問題化することも多く、経営の観点からは批判される一方で、住民が水道事業に関心を持つことを通じて地方自治が発展するという理念も存在している。

　また、自治体は、地域住民の福祉の向上を目的とする地域的な自治団体として地域経済の発展にも関心を寄せていることから、水道事業の運営において地域経済にひ益することも念頭に置かれている。水道事業は、地元企業に工事を発注するだけでなく、地元雇用を生み出してきた。もっとも、1990年代頃からは公共事業批判や談合批判もあり、そうした意識は弱まってきているように見える。

(2) 財政支援と水道普及

　こうした水道事業の地域社会に対する役割は、第二次世界大戦後、水道の普及率が高まっていくとともに全国的なものになっていった。

　もともと水道は、大都市自治体を中心に建設・運営されてきたものであったが、戦後、農村部の衛生状態の改善を主な目的として簡易水道事業に対する国庫補助が創設されると、農村部でも水道事業が普及するようになっていった。

　そもそも水道事業に対する国庫補助は限定的である。たとえば、上水道事業に対しては、水源開発の施設整備、水道施設耐震化、広域化に係る事業などに限定されている。一方、簡易水道事業に対しては、老朽化した簡易水道等の基幹改良事業など幅広く国庫補助の対象とされている。

　また、地方財政措置の面でも簡易水道事業に対して手厚くなっている。国庫補助率は2分の1を下回るのが通常であり、残額は

自治体が自ら調達しなければならない。しかし、簡易水道事業では、その一部については一般会計から水道事業会計に繰り出すこととし、さらにその一部を地方交付税の算定に用いる基準財政需要額に算入することが幅広く行われている。

こうした手厚い財政措置によって農村部で簡易水道事業の普及が進む一方で、中小都市などでも水道事業の普及が進んでいった。それが上水道事業である場合には、簡易水道事業のような手厚い財政措置はなかったが、1970年頃からは、料金が平均よりも高くなっている場合には高料金対策がとられ、料金格差是正が図られた。こうした財政支援もあり、水道事業は全国に広がり、地域住民・地域社会にとって必要不可欠な社会基盤になっていった。

(3) 広域連携の推進

2000年代になり、人口減少が顕在化してくると、水道事業の財政的な持続可能性が課題として強く認識されるようになった。

特に地方部の小規模な自治体の方が人口減少の幅が大きく、更新財源の確保が難しくなると見込まれている。実際、更新投資が進まず、耐震化が進んでいない地方部の水道事業も多い。

こうした状況の中で、2007年度以降、簡易水道事業の統合が進められ、さらに、市町村営の水道事業の広域連携が推進されている。

2018年の水道法改正は、すでに見た「コンセッション方式」の導入だけを内容とするものではなかった（宇野, 2019）。もともと水道法改正の議論では、水道事業の課題を、①人口減少に伴う水需要の減少、②水道施設の老朽化、③深刻化する人材不足とまと

めた上で、水道事業の基盤強化を目的として、官民連携の推進のほかにも、適正な資産管理の推進と広域連携の推進が目指された。

 上記の課題解決のために、施設の点検を含む施設の維持・修繕等や水道施設台帳整備を水道事業者に義務づけ、中長期的に施設を長寿命化し、また、更新需要を平準化するような施設更新計画の策定を促す一方で、水道の広域連携を促進するために都道府県の役割が強化された[7]。

 その後、厚生労働省と総務省は、2019年1月、市町村等の水道事業の広域連携を推進するための「水道広域化推進プラン」を2023年度末までに策定するよう、各都道府県に対して要請した[8]。各都道府県では、その策定を終えたところであるが、それによって劇的な広域連携が進んだわけではない。現在、このプランを精緻化させていく中で、地域の実情に応じて広域連携を進めていく段階に入っている。

(4) 地域脱炭素化

 水道事業と地域社会との関係を考える際の新たな課題は地域脱炭素化である。2021年5月の地球温暖化対策推進法の一部改正、同年10月の「地球温暖化対策計画」の閣議決定により、2050年

---

7 水道事業者等の広域的な連携の推進役としての都道府県の責務が規定され（水道法第2条の2）、また、都道府県が基盤強化の必要があると認める時に「水道基盤強化計画」を関係市町村及び水道事業者等の同意を得て定めることができるとされ（水道法第5条の3）、さらに、広域連携の推進に関する協議を行うために水道事業者等からなる「広域的連携等推進協議会」を設置できるとされた（水道法第5条の4）。

8 「『水道広域化推進プラン』の策定について」（平成31年1月25日付け総財営第85号生食発第0125第4号総務省自治財政局長、厚生労働省大臣官房生活衛生・食品安全審議官通知）。

までの「カーボンニュートラル」の実現と 2030 年度における温室効果ガスの 46％削減（2013 年度比）が政策目標になった。2023 年 2 月 10 日に閣議決定された「GX 実現に向けた基本方針」では、自治体は、「公営企業を含む全ての事務及び事業について、地域脱炭素の基盤となる重点対策（地域共生・ひ益型の再生可能エネルギー導入、公共施設等の ZEB 化、公用車における電動車の導入等）を率先して実施する」こととされ、財政支援の枠組みも整備されつつある[9]。

水道事業は、ポンプのために電力を多く使用することから、温室効果ガス排出の規模が大きな活動の一つである。個別自治体の事務事業活動による温室効果ガス排出量においても水道事業は比較的大きな割合を占めている。

地域の持続可能性を維持していくためには、水道事業においても脱炭素化を進めることが必要であり、そのための施策として、省エネルギー・高効率機器の導入、施設の広域化・統廃合・再配置による省エネルギー化の推進、小水力発電や太陽光発電などの再生可能エネルギー発電設備の導入などがあげられるようになっている。

(5) 地域志向の改革

このように水道事業は地域社会との関係が深い。人口が減少し、担い手も減る中で官民連携を進める場合にも、地域社会との

9　GX（グリーントランスフォーメーション）とは、化石燃料をできるだけ使わずにクリーンエネルギーを活用していくための変革やその実現に向けた活動のことを指す。また、ZEB とは Net Zero Energy Building の略であり、建物で年間に消費する一次エネルギー収支をゼロにすることを目指した建物のことである。

関係に注意する必要がある。

　地域社会との関係に配慮した官民連携の事例として、新潟県妙高市の包括的民間委託の事例をあげることができる。

　妙高市では上下水道事業に加えてガス事業を市の直営で実施していたが、人口が減少し、経営が厳しくなる一方で職員確保が難しくなっていくことが見込まれていた。そうした中で、2021年3月、市内に設立した民間事業者（株式会社妙高グリーンエナジー）にガス事業を譲渡し、さらに、水道事業と下水道事業の維持管理・運営を包括的に委託することとした。それにより、地元の雇用維持や人材育成、ガス管・水道管などの設備の更新作業を地元で行うことによる地域経済循環の実現といった効果が期待されている。さらに、民間企業が再生可能エネルギー事業の経験を持つことに着目し、市と同事業者の間で協定を締結し、再生可能エネルギーの普及や省エネに連携して取り組むことを目指している。

第4節　シュタットベルケからのインプリケーション

　地方部での水道事業のあり方を考える上で近年参考にされているのが、ドイツ自治体が出資・関与する都市公益事業体（シュタットベルケ）である。

　シュタットベルケは、ドイツにおいて19世紀以降に発展してきたが、水供給、電力供給、ガス供給、温水供給による地域冷暖房、交通事業といった公益事業を複合的に経営している。当初は自治体直営であったが、1970年代頃から会社形態に移行しているが、その持分は自治体が持つことが多い。場合によっては民間資本が参画しているが、その場合にも、過半数の持分を民間企業

が持つことは稀であり、自治体が過半数を持つことが多い。

　シュタットベルケの特徴としてよく指摘されるのは、電力供給を行うために自らの配電網を持っていることである。電力事業が大きな利益を生み、それを赤字事業の損失補填に用いている点が注目されることも多い。

　しかし、ここで注目したいのは地域経済循環である。シュタットベルケでは、地域内での投資や調達、自治体への納税、利益の自治体への配当などによって地域に残る資金が大きいと考えられている。

　たとえば、デュースブルク市の試算によれば、シュタットベルケ・デュースブルクの総支出の59％は市内に留まり、75％が周辺地域を含む圏域に留まる。また、シュタットベルケ・エットリンゲンでは、収入に占める地域内支出の割合を1ユーロあたり水道事業では70セントであると報告している（白石, 2023）。

　シュタットベルケのような地域志向の複合的な公益事業体の存在は、地域経済の核の一つとなり得る可能性を持つと同時に、地域に優良な職場を生み出すことにもつながり、地域内での水道事業の担い手育成にも貢献できるかもしれない。

第5節　サービス維持に向けた新たな制度設計

　今後の水道事業のあり方を考えていく上で、まず、それが全国のすみずみまで行きわたる社会基盤であること、また、その社会基盤が大都市自治体から中小自治体まで多くの自治体が関係して維持されていることを忘れてはならない。今や、水道水は生活必需の公共サービスである。

こうした視点からは、水道事業を「公益事業」として捉え、経営の持続可能性の確保を目指すことが何より重要だ。人口、そして収益が減少する中で大量の施設更新を行い、サービスを維持していくためには、更新投資額の圧縮と平準化や施設の再編、適正な料金算定による更新財源の確保、更新需要の抑制策としての広域連携・官民連携を深めていくことが必要だろう。

　その際、人口減少に伴う中長期的な人材不足に注目する必要がある。現在でも技術職員の確保が難しく、民間企業への委託によって人材不足を補っているが、将来的には民間企業においても人材確保が難しくなるだろう。情報通信技術やAIなどの技術の活用による業務の効率化とともに、広域連携によって人材を確保し、育成する体制を整えていくことも重要だろう。

　こうした「公益事業」としての水道事業に加えて、自治体が水道事業を直接経営しているという点、すなわち「直営企業」である点や、住民の福祉向上や地域経済に貢献するべき「公共企業」であるという点にもっと注目する必要がある。水道事業にはこれら三つの側面があることを踏まえ、総合的に今後のあり方を考えていく必要があるだろう。

　このうち「直営企業」としての側面から今後のあり方を考えていくならば、自治行政としての企業経営という視点に立ち、住民への情報提供と自治行政への住民参加を進め、負担の世代間公平や負担分任を実現しながら、住民福祉の向上や地方自治の充実にいかに貢献していくかが検討される必要があるだろう。

　また、「公共企業」としての側面から考えるならば、自治体の経済活動による地域へのひ益や住民経済力の涵養という視点に立ち、近年の例で言えば、地域脱炭素化やデジタル化の推進など、そのほかの自治体政策とどのように連携するのか、あるいは、上

下水道の連携などの事業の複合化や広域連携などを通じてどのように地域経済循環の実現や魅力的な職場の確保などに貢献していけるのかが議論される必要があるだろう。

　最後の点は、人口減少、地域脱炭素、デジタル化といった新しい社会の姿に適合した新しい水道施設の形を描いていくための人材育成に貢献し得る。人口減少は、単に将来の水需要を減らすだけではなく、未来の人材も減らすことは確実である。地域の水道を再構築できる人材をどのように確保していくのか。広域連携で生み出される広域的な事業体ごとに人材確保に努めることもあり得るだろうし、都道府県が中心となって技術職員を広域的に採用・育成・派遣する形もあり得るだろう。

参考文献

荒川勝（2002）『「水道料金」のはなし── 制度の変遷とその周辺』水道料金問題研究会.

宇野二朗（2017）「水道事業における市町村公営原則の発展」『札幌法学』第28巻第1・2合併号、1-42頁.

宇野二朗（2019）「水道法改正をめぐる課題」『月刊自治研』第61号、10-15頁.

宇野二朗（2020）「日本の水道事業における官民連携の現況と展望」『生活経済政策』第283号、16-20頁.

宇野二朗（2023）『公営企業の論理── 大都市水道事業と地方自治』勁草書房.

浦上拓也（2000）「日本の家庭用水需要関数の推定── 集計データを用いて」『公益事業研究』、第52巻第2号、97-102頁.

川本明（2005）「水道事業の民営化」八代尚宏編『「官製市場」改革』日本経済新聞社、71-95頁.

公益事業学会編（2005）『日本の公益事業── 変革への挑戦』白桃書房.

国土交通省（2024）「水道の基本統計　水道普及率の推移（令和4年度）」.
　https://www.mlit.go.jp/common/001739185.pdf（2024年4月6日閲覧）.

白石智宙（2023）「シュタットベルケ研究の整理と課題 —— 日本での研究を中心に」京都大学大学院経済学研究科再生可能エネルギー経済学講座ディスカッションペーパー No. 51.

総合規制改革会議（2002a）「中間とりまとめ」(2002 年 7 月 23 日).
 https://www8.cao.go.jp/kisei/siryo/020723/index.html（2024 年 4 月 6 日閲覧）

総合規制改革会議（2002b）「規制改革の推進に関する第 2 次答申」(2002 年 12 月 12 日).
 https://www8.cao.go.jp/kisei/siryo/021212/index.html（2024 年 4 月 6 日閲覧）

総務省自治財政局（2023）『地方公営企業年鑑（第 70 集）』.
 https://www.soumu.go.jp/main_sosiki/c-zaisei/kouei_R04/index.html（2024 年 4 月 6 日閲覧）

高田しのぶ・茂野隆一（1998）「水道事業における規模の経済性と密度の経済性」『公益事業研究』第 50 巻第 1 号、37-44 頁.

竹内佐和子（2002）『公共経営の制度設計』NTT 出版.

内貴滋（1988a）「イギリスの国・公営企業と民営化政策 —— 水道事業を中心として -1-」『自治研究』第 64 巻第 1 号、56-68 頁.

内貴滋（1988b）「イギリスの国・公営企業と民営化政策 —— 水道事業を中心として -2-」『自治研究』第 64 巻第 3 号、68-78 頁.

中嶋久人（2010）『首都東京の近代化と市民社会』吉川弘文館.

日本水道協会（2008）『水道広域化の手引き』.
 https://www.mlit.go.jp/common/830002208.pdf（2024 年 4 月 6 日閲覧）.

日本水道協会（2022）『水道統計（令和 3 年度版）施設・業務編』.

細谷芳郎（2018）『図解地方公営企業法第 3 版』第一法規.

松本洋幸（2020）『近代水道の政治史 —— 明治初期から戦後復興期まで』吉田書店.

八代尚宏編（2005）『「官製市場」改革』日本経済新聞社.

八代尚宏（2005）「官製市場の改革と市場化テスト」八代尚宏編『「官製市場」改革』日本経済新聞社、1-18 頁.

第2章

国際比較の中での日本の下水道経営改革

藤原 直樹

第1節 下水道サービス供給の現状

(1) 下水道の機能と事業課題

　上下水道事業は地域の人々が清潔な環境のもと健康で暮らすために必要不可欠な公共サービスである。特に公共下水道は、「主として市街地における下水を排除し、又は処理するために地方公共団体が管理する下水道で、終末処理場を有するもの又は流域下水道に接続するものであり、かつ、汚水を排除すべき排水施設の相当部分が暗渠である構造のもの（下水道法第2条第3号）」と定義され、その機能として生活環境の改善（汚水の排除）、浸水の防除（雨水の排除）、公共用水域の水質保全の3つがある。

　第1の「生活環境の改善」とは、人々の生活や仕事（例えば飲食店舗や工場の生産過程）で発生する汚水が速やかに排除されず滞留すると、悪臭や蚊・蝿の発生源となり伝染病などによる住民の健康リスクが高まる。下水道整備により汚水は生活空間から速やかに排除され、清潔な環境が維持される。第2の「浸水の防除」と

は、排水の悪い地域で激しい降雨が続くと土地や家屋が浸水し、人々の財産に損害をもたらし生命を危うくさせる。雨水を速やかに排除し浸水の防除を行うことで、これらのリスクを回避できる。第3の「公共用水域の水質保全」とは、産業の発展により工場等の排水が流れ込む河川や湾などの水質を良くすることであり、人の健康を保護し生活環境を守るうえで重要な要素である。さらに、日本のような四季の気候変動が大きく、夏に台風や大雨が頻繁に発生するところでは、雨水を排除して集中豪雨による住民の生命、財産の被害を軽減する下水道の役割が大切になる[1]。

このような機能を有する下水道の事業経営には、今後の持続可能性の観点から2つの課題がある。第1に「老朽化した施設の改築更新」では、1960年代の日本の高度成長期において工業が発展して人口が増加し、人々が都市に集まることに伴い、河川、港湾、公営住宅や上下水道の整備が進められた。今日では当時整備された施設の耐用年度が過ぎ、コンクリートが劣化して道路陥没や漏水の原因となり、その対策として施設の改築更新に多くの費用が必要になっている（図2-1）。第2に「利用量減少による事業収支の悪化」では、公営下水道事業の財源は使用料等の収入と借入（借金）、自治体や国からの補助金で賄われている。日本の人口減少と節水意識の高まりにより、事業から得られる収入は国全体で2000年をピークに減少している一方で、維持・更新などにかかる費用を賄うための費用は増加し、下水道事業としての収支は悪化傾向にある。

1 　下水道事業とインフラ劣化については藤原（2021）を参照されたい。

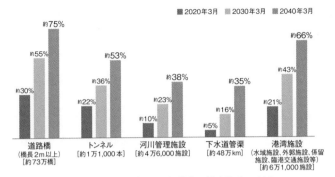

図2-1 建設後50年以上経過する社会資本の割合
出所：国土交通省「社会資本の老朽化の現状と将来」
https://www.mlit.go.jp/sogoseisaku/maintenance/_pdf/50year_percentage.pdf

(2) 下水道事業のサービス供給形態

　日本において下水道は、水道に遅れて整備が進められた。明治時代に農村から都市に人が集中することで、都市は不衛生な状態になり、1877年には東京で伝染病のコレラが大流行した。そこで1900年の汚物清掃法と下水道法は、住民に居住地内の汚物を掃除し清潔を保持する義務を課し、下水道の敷設にあたって他者のために土地を使用させるなど、私権を制限しても下水道の普及を進めようとした。その後、都市計画事業の財源として「受益者負担金制度」が設けられ、下水道事業を都市計画事業として施行すれば、市町村は受益者負担金と都市計画税という2つの財源が得られることになった。

　日本の下水道事業の法的枠組みを定めた下水道法は、1958年に公布された。同法は、流域ごとの下水道総合計画を定め、公共下水道事業の管理基準を定めることにより、公衆衛生、都市開発、衛生の向上、公共用水域の水質保全に寄与することを目的と

している。地方自治体は、下水道施設の行政事業計画、そして下水道サービスや関連する投資に関する予算案を決定し実行する。下水道使用料は、自治体の議会の承認を得て、条例として決定される。下水道法第3条では、公共下水道の設置、改築、修繕、維持その他の管理は、市町村が単独で監督する「市町村経営原則」が示されている。そして2つ以上の市町が共同で下水道を設置することが望ましい場合は、都道府県が運営を代行する。全国レベルで統一的な下水道整備のために中央政府が必要な補助金を支出することから、自治体は事業計画を国に提出し、その認可を受ける形になっている。

このように、下水道は公共サービスとして「公衆衛生の保持」という機能が水道よりもより強く意識された。早急に敷設することを重視し、計画的な都市建設の一環として私権の制限を行い、市町村により公権力をもって使用を強制させるという強い姿勢が見られた。また、日本の上下水道事業は、自治体の組織の一部であるが、水道料金あるいは下水道使用料という利用者からのサービス対価を得て、税により費用を補いつつサービスを提供する「地方公営企業制度」が適用されている。この地方公営企業の組織は、自治体の市長や町長ではなく、一般行政部門からの独立性を有する公営企業管理者をトップマネジメントとし、行政とは異なる企業会計制度を導入し損益計算を明確にしているところに特徴がある。

なお、下水道サービスを実施するための費用は、空から降る雨水の排除と、家庭等から排出される汚水処理の2つに区分される。雨水排除にかかる経費は受益者が特定されないため公費（市の税金：一般会計繰入金という）を財源とするが、汚水処理にかかる経費は汚染者負担の原則のもと私費（利用者から徴収する下水道

表2-1　公共下水道事業の人口規模別事業数

人口規模	都道府県または指定都市	300,000以上	100,000から300,000	50,000から100,000	30,000から50,000	10,000から30,000	10,000未満	その他	合計
事業数	21	38	132	171	121	355	339	11	1,188
%	1.8	3.2	11.1	14.4	10.2	29.9	28.5	0.9	100.0

出所：令和3年度地方公営企業年鑑第3章7下水道事業「下水道事業の概況・規模別事業数調・公共下水道」に基づき筆者作成。

使用料）を財源として運営されている。

　日本の下水道事業の規模は、100万人以上の大都市から数千人規模の小さな町まで、様々である。特に、地方都市において人口減少と高齢化が進展している中、下水道事業規模の多くは人口3万人未満となっており、この点において後述する効率的な公共サービスの供給形態のあり方が問われることになる。

　以上のように、公共サービスとしての下水道は、人々が生み出す汚水を浄化し雨水を排除することで、地域の人々が清潔な環境のもと健康で暮らすための空間整備に貢献している。市町村がサービス供給主体であるものの国が財政的な支援を行うことで、全国的な観点から一定のサービス水準を満たす形で運営されてきた。しかしながら少子高齢化する日本において、下水道サービス供給は「普及促進の徹底」から「効率的な維持管理」へと事業課題の主軸が変化している。それぞれの自治体における下水道事業収支も悪化しており、事業経営の効率化が求められている。

第2節 上下水道事業改革の理論と国による規制改革の動向

(1) 上下水道事業改革に関する理論

　公共サービス、特に上下水道サービスの供給形態がどのようなものであるべきかについて様々な研究が行われてきた。水は人間にとって欠かすことのできない資源であるから、長期的な視野に立って公共の利益を優先したサービス供給の仕組みを開発する必要がある。歴史的な経験から上下水道サービスの供給形態は、公共モデル・民間モデル・コミュニティモデルという、少なくとも3つの主体によるモデルがある（Bakker, 2008）。上下水道事業は公共モデルが主流だが、効率性を高めるために民営化や官民連携（Public Private Partnership：以下、PPPと略記）が導入されてきた。政府は、公共サービスの環境的・社会的持続可能性と経済的持続可能性のトレードオフに直面し、産業組織の規制やサービス提供のモデル、その他の創造的な解決策を見出そうとしてきた（Furlong, 2012）。1980年代半ば以降、規制緩和によって多くの上下水道事業改革が行われ、民営化・ビジネス手法を導入したサービス提供がこれまで以上に可能になるとともに、経済のグローバル化が始まった（Bakker, 2007, Swyngedouw et al., 2002）。上下水道事業改革は、それぞれ改革の視点と対象、手法から**表2-2**に示すように類型化される。

　上下水道事業は巨大装置産業であり、その事業の特性として地域において1社のみがサービスを供給するという独占的な供給形態になる傾向がある。これが民営化における主要な懸念事項である。競争が働かない結果として、民間の事業者は委託された事業の運営ノウハウを蓄積したのちに収益を最大化するため、政府に

表2-2 上下水道事業改革の類型化

改革の視点	改革の対象	改革の手法	事例説明
上下水道事業システム	財産権	民営化	公共施設の民間企業への売却
	規制枠組	規制緩和	事業に関する規制の軽減・廃止
組織・事業方法	資産管理	民間部門との連携	施設管理の民間委託
	組織構造	企業化	自治体(政府)から公営企業へ組織形態変更
ガバナンス	資源の割り当て	市場化	上下水道サービス市場の導入(利用権取引)
	パフォーマンスインセンティブ／罰則	ビジネス化・商業化	ビジネス原則の導入(事業経営への税金投入を削減し、完全な利用者負担制度導入など)
	利用者の参加	地方分権	水質管理・監視権限を、より現場に近い政府または個々の使用者に委譲

出所:Bakker (2007, p. 435), Table 1を参考に筆者作成。

対して委託料の増加またはサービスの中断という選択肢を持ち出して圧力をかける、低所得層の上下水道サービス利用が制限される、あるいは河川など公共用水域での水質改善の投資不足をもたらす可能性がある (Cesar, 2019)。また、PPPの仕組みは複雑であり、定型外の事態が発生した場合の発注者と受託者の役割・責任分担を詳細に定めるような入札の仕様書や契約書を作成し、サービス供給に関する監視・検証を行い、長期にわたって契約を実施する高度な能力を政府に要求する (Bloomfield, 2006; Iossa, 2018)。複雑な官民連携事業を実施するための契約締結にかかる専門家との調整や、これにかかる時間といった契約コストは無視できないものであり、見かけ上は民間委託することで事業費用が安くなっても、手続きにかかる手間を金銭的に評価すると、その経済的メリットが大きく縮小する可能性もある。

(2) 日本における下水道事業の規制改革の動き

　前節で述べたような下水道事業経営をより持続的なものにするため、日本において様々な改革の取り組みが行われてきた。まず、2007年から2008年の世界金融危機と2011年の東日本大震災を経て、国と自治体の財政が厳しい中で必要とする公共投資を行うため、1999年に制定された「民間資金等の活用による公共施設等の整備等の促進に関する法律」（PFI法）が2011年に改正され、公共施設等運営権譲渡（コンセッション）制度が導入された。これは、公共施設を運営する権利を設定し、その権利を付与された民間事業者が事業を実施し、事業対価として報酬を受け取るというものである。

　2014年7月に国土交通省は、新技術の導入や汚水処理の適正化など下水道の進化を目指す「新下水道ビジョン」を策定した。同ビジョンでは、「管理・運営」の時代に適した人・モノ・カネが一体となった事業管理体制を確立すること、既存施設の活用等における行政境界を超えた複数の自治体間による広域化・共同化の推進が示された。2015年には、下水道管の劣化による道路陥没事故が年間約4,000件も発生していることの対策として、PPPによる下水道施設の整備・改修を推進するため下水道法が改正され、各都道府県を核として市町村を横断した下水道事業の広域化・共同化を推進するための協議会制度が創設された。そして2017年8月に策定された「新下水道ビジョン加速戦略」では、民間企業のノウハウや創意工夫を活用して持続可能な下水道事業運営のための協働を推進することが掲げられた。ここでは以下の点が強調されている。

1. 上下水道一体型など他のインフラと連携した官民連携の促進
2. 広域化の推進(点検・維持管理業務や汚水処理過程で発生する汚泥処理など)
3. 受益者負担の原則による適切な使用料設定
4. まちづくりと連携した効率的な浸水対策
5. 民間企業が適切な利益を得ることができる官民連携のあり方の検討
6. 水インフラの輸出促進
7. ICT(情報通信技術)、ロボットなど新技術の導入

　日本の行政組織において地方公営企業の経営を所管する総務省は2014年8月「公営企業の経営に当たっての留意事項」を示した。そこでは、自治体に対して将来にわたって安定的に事業を継続するための中長期的な基本計画である「経営戦略」の策定とともに、公営企業が行っている事業そのものの意義と供給しているサービス自体の必要性を検討したうえで、事業の廃止や、採算性の判断を行ったうえでの完全民営化、民間への事業譲渡などの方法を検討することが求められた。

　以上のように、本節では上下水道事業改革の理論を参照したうえで、過去20年程度の官民連携と広域化、新技術の導入を中心とする国(中央政府)による下水道サービス供給制度改革の方向性を確認した。

第3節　持続可能な下水道サービス供給に向けた地方自治体の取り組み

(1) 地方自治体における下水道事業改革の概況

　上下水道事業経営では、事業体がサービスを供給する地域に人口が多く、密集して居住しているほど安価な費用でサービスを供給することができるという、「規模の経済性」と「密度の経済性」が一般的に存在し、特に比較的小規模の事業体において規模の経済効果が大きくなる。表2-1で見たように、半分以上の下水道事業主体の規模は人口3万人より少ない。これらの小規模事業体の運営を統合することでコストの削減が見込まれる。上下水道事業の広域連携はこのような経済効果を意識した取り組みである。水道事業改革の事例として、香川県では2017年11月に、県と16市町とで水道事業を統合して運営する事業団を設立した。こうして1つの組織で約97万人に水道サービスを供給することにより、職員数を104名、浄水場を29施設削減し、毎年事業費用の14%にあたる34億円の節減を見込んでいる[2]。

　次に下水道事業改革の事例として、大阪市は通常一体的に運営されている事業を分離（アンバンドリング）し、自治体が施設を保有し民間事業者が事業運営を行う「上下分離方式」を導入した。大阪市は、下水道施設の運転と維持管理を市が出資した法人であるクリアウォーターOSAKA株式会社に2017年から委託している。また、浜松市は2018年4月から下水処理場など3件の施設にコンセッションを導入し、施設の所有権を自治体に残したうえ

2　香川県広域水道事業体検討協議会（2014）「広域水道事業及びその事業体に関する基本的事項のとりまとめ」に基づく。

で、施設運営を複数の民間企業により設立された浜松ウォーターシンフォニー株式会社に20年間委託している。この取り組みにより委託期間内で約86億円のコスト縮減効果を算出し、市はこれを施設老朽化に伴う計画的な更新や耐震化事業の推進にあてるとしている[3]。

(2) 事例研究：大阪市における下水道事業経営形態改革

ここでは事例研究として、先に触れた大阪市の事例を詳細に確認していく。2022年度の大阪市下水道事業会計事業レポートによると、市は人口の99.9％に相当する274万4591人に下水道サービスを提供しており、年間の総処理水量は5.8億m^3となっている。市内には4,974kmの下水道管ネットワーク、58か所のポンプ場、12か所の下水処理場、処理過程で発生する汚泥を溶かすためのセンター1か所、下水道事業に対する市民の理解を深めるための広報施設（下水道科学館）がある。大阪市の地域特性として、面積の9割が雨に弱くポンプによる排水が必要であるため、1時間あたり60mmという10年に1度の大雨でも浸水しないような下水道整備を進めている。その下水道使用料は、平均的な家庭が一月で使用するとされる20m^3で月1,276円であり、東京都および政令市の平均値が2,241円であるところ、もっとも安価となっている。

大阪市では1894年から下水道が整備され、1965年〜1975年には急速な整備が進んだが、現在は老朽化した施設が多くなってい

---

[3] 浜松市「浜松市公共下水道終末処理場（西遠処理区）運営事業」に基づく。https://www.city.hamamatsu.shizuoka.jp/g-sisetu/gesui/seien/pfi.html （2024年1月29日閲覧）

る。これらの施設に問題が生じると道路の陥没や性能の低下を招く恐れがあるため、市は定期的に施設の更新・改修を行っている。図2-2は大阪市の下水道使用料収入と処理水量の推移であるが、新型コロナウイルス感染症流行の影響による近年の変化を除外しても、収入と処理量はゆるやかな減少傾向にある。一方、サービス提供に必要な投資としては、雨水の排水能力を2013年度の84.3%から2025年度には90%、20年以内に100%とするため、2025年度までに約1,000億円、2026年度以降に約2,000億円の支出を見込んでいる。そして、汚水と雨水を一緒に流す合流式下水道の改善対策に1,000億円、老朽施設の更新・改修のため435億円が必要であると算出している[4]。

このような事業環境のもとで大阪市が下水道事業の経営形態改革を行う目的は、以下の6点となっている。

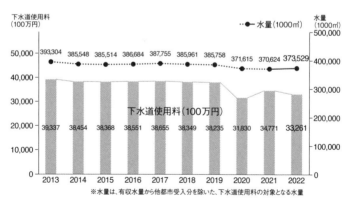

図2-2 大阪市下水道事業の下水道使用料と処理水量の推移

出所：大阪市下水道事業会計事業レポート（2022年9頁）

---

[4] 大阪市（2015）24頁に基づく。

1. 高水準のサービスの維持、質の高い技術の確保と新たなノウハウの蓄積、下水道事業に従事する職員の技術やノウハウの継承
2. 公的機関では難しい民間企業との合弁事業によるプロジェクトや事業開発の実施
3. 市民の安全を確保するために十分な時間と費用をかけた下水道事業の運営
4. 使用料収入が減少傾向の中で膨大な施設の改築更新を行うための事業効率化
5. 維持管理部門の職員数が他都市と比較して多いことの見直し
6. 他都市の下水道事業運営が技術者の不足のため困難になっている点をビジネスチャンスとした大阪市の技術や経験の活用

この目的のもと、大阪市は下水道施設の総合的な運営管理を担う組織として新会社を設置し、行政組織から企業へと経営形態を変更することで、より効率的な事業運営を行うとともに、地域外への事業展開によるスケールメリットを活かした事業経営を目指すとされた。この経営形態の変更による経営効率化の要素は次の4点からなる。

1. 民間方式を取り入れた契約・調達方式の採用
2. 資産管理の観点からの維持管理の効率化
3. 省エネ設備の採用による電力コスト削減
4. 民間との連携による共同研究・技術開発の推進

こうした経費削減の一方、成長戦略として大阪市以外の下水道管渠や下水処理場の運営・維持管理を新会社が受託することで

業務領域	フェーズ1(2014.4-)	フェーズ2(2017.4-)	フェーズ3(今後予定)
業務領域A (行政固有事務)	公共:下水道管理者としての下水道事業の総括的な推進に係る組織系事務および下水道法に規定される公権力行使等を伴う事務		
業務領域B (建設)	公共:新増設(浸水対策・合流改善など)や大規模改築更新など政策的判断を要する重要な事業		
業務領域C (維持管理)	〈私企業〉 包括委託	〈私企業〉 包括委託 小規模単純更新	〈私企業〉 混合型公共施設等 運営権制度 契約期間20~30年程度
改革効果	維持管理費の縮減		
		国内外事業展開による収益化	
			建設コストの縮減
上部組織形態 (契約相手方)	一般財団法人 市役所100%出資	新会社(株式会社) 市役所100%出資	株式会社 資本の一部を 民間企業が保有

図2-3 大阪市における下水道事業経営形態改革のプロセス
出所:大阪市(2015)67頁に基づき筆者作成。

10億円の売上を想定した。そして、最終的な運営形態としては、コンセッションの導入を想定している。このとき、運営権者は、公共部門から支払われるサービス購入対価(公費)とサービス利用者からの料金(私費)という収入のもと、運営・維持管理から改築更新、そのための事業資金調達や人事管理といった事業運営全般に至る自由度の高い経営を行うことになる。

大阪市における下水道事業の組織改革は、2011年12月に開催された大阪府市統合本部会議で初めて議論された。2012年11月、大阪市下水道事業改革として「基本方針と実施計画(案)」が発表され、事業運営に民間経営の原則を取り入れた「所有と運営の分離」を導入した。市内の下水道事業を4つの地域に分け、2013年4月からそのうちの1つの地域の施設の運営・維持管理

を外郭団体の一般財団法人に包括的に委託し、その成果を検証したうえで2014年には全市に拡大する方向性が示された（図2-3のフェーズ1にあたる）。

2014年に全市的な包括委託が問題なく行われたことから、2015年2月に「大阪市下水道事業経営形態見直し基本方針（案）」が発表された。ここでは、大阪市の出資する新会社が、下水道施設の運営・維持管理を受託し、民間経営手法を導入して事業運営を効率化するとともに、他の自治体からも業務を受注することになった。2016年7月1日に大阪市が100％出資する資本金1億円、社員数約1,000人の株式会社クリアウォーターOSAKAが設立され、2017年4月1日から事業が開始された（図2-3フェーズ2にあたる）。2022年度から大阪市はクリアウォーターOSAKAに20年間にわたる包括的業務委託契約を締結して経営の安定性を確保した。大阪市の「方針」によれば、最終的にコンセッション方式の導入（図2-3フェーズ3にあたる）を目指すことが示されている。

第4節　海外における上下水道サービスの経営形態

これまで日本の下水道事業改革について見てきたが、各国によって上下水道サービスの経営形態は異なる。フランスは、長期にわたる民間委託と流域単位の上下水道管理に特色があり、約3万6,000ある自治体が水道供給の責任を負っているが、コンセッションにより人口の約6割が民間企業からの給水を受けている。イギリスでは、1973年に自治体によって個別に運営されていた1,500の上下水道事業体は、大きな河川を中心として10の流域それぞれで少数の大規模事業者に再編成され、1989年には公共か

ら事業が売却される形で民営化された。例えるならば、日本の電力産業において関東に東京電力があり、それぞれの地域に東北、中部、関西、四国、九州電力といった形のように、地域別に大きな独占企業ができた[5]。そして、1999年にはロンドン首都圏を給水区域とするイギリス最大の水道会社であるテムズウォーターがドイツ企業に買収されるなど、制度改革の後に国境を超えた水道会社の進出や企業買収が行われた。一方ドイツでは、日本のように自治体が上下水道サービスを供給しているが、大都市自治体が100％出資する上下水道事業を行う株式会社（シュタットベルケ）を設立して、周辺の自治体から業務を受託するような「公営上下水道企業の域外展開」も行われている[6]。

ここで海外における具体的事例として、オーストラリア南部のビクトリア州メルボルンを本拠とするメルボルンウォーター（Melbourne Water）を取り上げたい。メルボルンは、前節で事例とした大阪市と姉妹都市であり、イギリスのビジネス誌であるフィナンシャルタイムズの調査機関 Economist Intelligence Unit の「最も住みやすい都市ランキング（Most Livable City Ranking）」で2017年まで7年連続1位に選ばれた都市である。

オーストラリア・メルボルンを中心として上下水道サービスを提供するメルボルンウォーターは、ビクトリア州政府によって100％出資された株式会社である。地域人口は約500万人であ

---

[5] これら事業体の所有者も多様化し、ウェールズでは非営利団体により所有される水道会社も現れた。さらに、一度民営化された事業が再度公営化されるような事象も現れている。

[6] シュタットベルケでは上下水道のみならず電力、地域熱供給、鉄道・バス、ごみ処理といった地域の公共サービスを1つの事業体でまとめて担っていることもある。このように複数の地域に根づいた公共サービス供給を一手に行うことで効率的に実施できる場合もあると想定される。

り、新型コロナウイルス感染症の流行前には国内外からの移住により毎年10万人程度の増加傾向にあった。同社は行政機関の一部として運営されていたが、公営のままでは必要な投資が十分に行われないという理由から株式会社化された（表2-2で示す上下水道事業改革分類の「企業化」にあたる）。同社を管理する理事会は、4年の任期を有する7人の理事により運営されている。理事は経営、法律や医療の専門家から選出されており、州知事が任命する。5年ごとに同社の経営は独立した規制機関により査定される。

　同社は上下水道サービスの計画を行うが、上下水道施設の建設や運営は民間企業に発注・業務委託している。第3節で見た日本の大阪市では、下水道事業の運営は自治体である市が責任を有し、市出資会社に20年間にわたり施設の運転・維持管理業務を委託しているが、ビクトリア州では州出資会社が上下水道サービスの供給責任を負っている。また、サービス運営にかかる費用はすべて使用料収入によって賄われており、国やその他行政機関からの補助金はない。一方で、同社は毎年約2億オーストラリアドル（2023年度の平均レートで186億円）を株主である州政府に配当金として支払っている。

　同社における設備投資の事例として、膜処理（微細な穴のある膜により水を浄化する技術）による水処理施設の建設にあたっては、2002年から検討を開始し、2007年に施設を建設した。同社は膜処理に関する技術や管理ノウハウを保有していなかったため、民間企業に長期間の業務委託を行うことになった。BOTといわれる公共調達の手法であり、民間企業が建設（Build）、運営（Operation）、業務終了後に公共へ所有権移転（Transfer）する。同社は毎年一定金額を受託企業に支払い、30年後に施設の所有

権が同社に移転される。一般的に倒産することがない公的機関（行政・政府）のほうが民間企業よりも低いコストで資金調達できるが、総合的な建設・運営にかかる費用を検証したうえで、民間企業による BOT 手法が望ましいと判断された[7]。

このように、上下水道サービスの供給形態はそれぞれの国によって多様である。イギリスやオーストラリアは、日本における電力サービス供給のような地域ごとの独占企業によるサービス供給であり、建設や維持管理に関する多くの業務は、幅広い関連企業に発注・業務委託されている[8]。

第5節　サービス維持に向けた新たな制度設計

(1) 日本における下水道事業改革の課題と特徴

地域住民の生命、財産そして生活環境を守るという観点から、日本では自治体が「市町村経営原則」のもと下水道事業を担ってきた。下水道法は各家庭に下水道網への接続義務を課し、公権力の行使によってこれを実施してきた。また、公益性と効率性のバランスを追求するため、自治体の下水道事業は企業会計を適用するなど別会計で運営されてきた。こうして高度成長期における都市部に集中する人口がもたらす公共サービス需要に対して、比較

7　筆者によるメルボルンウォーターへのインタビュー調査に基づく。(2019年2月15日実施)

8　厳密には、電力サービス供給も日本においては自由化が進められており、1995年に発電事業の自由化、2016年から小売の自由化が進められている。ただ、イギリスほどの上下水道企業の合併・買収が行われているわけではない。また、日本ではこれまで上水道を厚生労働省が、下水道を国土交通省が所管していたが、「上下水道行政の一元化」という名目のもと2024年4月から国土交通省に統合された。

的短期間で普及率を高めることができた。しかしながら、これまでの日本の下水道事業に関する制度は短期間の下水道整備について有効であったものの、現在の少子高齢化に伴う人口減少による使用水量の減少や、施設の著しい老朽化による改築更新の必要性がもたらす事業会計の悪化が経営リスクになっている。

冒頭でも述べたように、上下水道事業は公共性が高く、その運営は公共モデル、民間モデル、コミュニティモデル（Bakker, 2008）を最適に交えることで進められなければならない。日本政府は自治体の上下水道事業を広域的に統合し、官民連携という公共モデルと民間モデルを掛け合わせることにより事業の効率化を推進している。第2節で確認したBakker（2007）の上下水道事業の経営改革の分類（表2-2）から見ると、これまで確認してきた国や自治体（大阪市）の取り組みは、より効率的な下水道事業運営を目指す、上下水道事業システムの「規制緩和」と組織・事業方法の「企業化」にあてはまる。このような日本の取り組みは、1990年代からイギリスをはじめ欧州で進められた国と地方または行政と民間の新たな役割分担の変更、あるいは上下水道サービス供給の費用負担のあり方といった、上下水道システムやガバナンスの制度を根本的に変えるような改革とはなっていない[9]。

ここで下水道事業改革の論点となる「料金規制」と「サービスレベル」の2点について詳述する。第1に「料金規制」について、

9　本章では紙幅の都合で詳細を論じることはできないが、欧州の上下水道事業改革では「利用者の参加」が大きな論点である。流域での水管理のあり方や上下水道企業経営に対して市民団体やNPOなど多様な主体がその意思決定に関わる、透明性確保の仕組みを検討するものである。一方、日本の改革では効率的な資産・事業管理に重点を置き、選挙によって選任される自治体の議会による予算や政策執行の監理を前提として、上下水道政策策定プロセスへの直接的な市民・団体参加といった視点はほとんど考慮されてこなかった。

下水道事業における使用料金の賦課は、前述のとおり日本では雨水の処理は税金で行っている。一方、欧州では 2000 年頃に欧州連合の行政府である欧州委員会による指導のもと、総コスト負担原則として受益者負担を徹底するようになっている。雨水処理費用についても、イギリスでは固定資産税のように不動産所有面積に応じて徴収されている。公共財の定義は非排除性（所有権を持たない人を、その利用から排除できない）と非競合性（複数の人が同時に利用できる）にある。しかしながら、それは程度の問題であり、仕組みを変えることでより適正な利用者負担を実現し、そのもとで公共以外によるサービス供給も可能になる場合がある。

　第 2 に、「サービスレベル」について、汚水の高度処理や大雨の対応など他の先進国と比較しても相対的に高い現在の日本の下水道サービスレベルを維持することについては、ほとんど議論がされていない。全国どこでも同等レベルのサービスを公平に受けることができるという「ユニバーサルサービス」を維持するのであれば、今後、人口減少が見込まれる地域でも人口密集地と同水準の下水道施設を整備する必要がある。「コストがかかるので、ある地域には十分なサービスが提供できませんが受忍ください」といった、一部の地域を切り捨てるような意思決定を、地域間の公平性を重要視する自治体において行うことは困難という実情もある。

(2) 災害大国日本における下水道サービス供給の展望

　諸外国と比較した下水道サービスレベル設定の複雑さについて、災害が多い日本という要素も政策意思決定のプロセスに影響を与えていると考えられる。日本では、2011 年 3 月の東日本大

震災、2016年4月の熊本地震、2024年1月1日にも石川県で震度7の地震が発生するなど、災害時の上下水道施設の脆弱性が以前より問題視されている。下水道サービスの機能でも、「汚水排除」は人口や工場等の立地状況から年間を通じて処理すべき汚水量が予測でき、その処理計画は立てやすい。一方で、台風や集中豪雨時の「雨水排除」はその規模や発生するタイミングを予測できない。災害が発生した場合でも機能を維持できるように、事業運営能力に一定の「冗長性」が必要となる。

冗長性とは、ICT用語として使われる「余裕を持たせる」という意味であり、システムや機材を複数確保しておくことで故障やトラブルに対して備えることを指す。国や重要機関のサーバーでは、機材のトラブルや攻撃などからデータを守るために、複数を互いに離れた場所で管理して冗長性を持たせる。特に、一瞬の停止も許されなかったり命の危険があったりする環境には、冗長性が不可欠である。病院では、災害時に外部からの電力供給が困難になった場合でも、施設内の非常用電源を動かし、生命の維持に欠かせない設備を止めない仕組みが採用される[10]。

自治体は地域住民の生命と財産を守ることが第一優先であるから、下水道施設には、このような平時の機械設備能力を超える地震に耐え大雨に対応できる「冗長性」が必要である。事業を民間企業へ業務委託（あるいは民営化）する場合には、非常時の行政（発注者）と業務受託者の役割・責任分担、災害時の人的動員や優先

10　冗長性と近い概念に「レジリエンス（強靭性）」がある。この概念は災害などからの「復旧」や「回復」が速やかにできることが主たる意味となる。冗長性は広義のレジリエンスに含まれるものの、バックアップとしてその能力に二重、三重の余裕を持たせることを強調する。

順位を定めた制限的な施設運転などの条件設定が複雑になる[11]。この点が上下水道システム改革の進むイギリスなどと日本の前提条件の大きな相違である。大阪市の下水道経営形態改革事例でも、既存のサービスレベルを所与の条件として、そのうえでのコスト削減を期待している。民間へサービス主体を移すことによる低所得者向けサービスの廃止や水質改善のための投資不足といった国際的な改革事例で頻出する論点（Cesar, 2019）は大阪市議会においてもほとんど議論されなかった。

　国際比較をした結果として日本における下水道経営改革の今後の展望としては、次のように考える。災害リスクの高い日本において欧州に見られるような上下水道システムやガバナンスを含む抜本的な事業改革は少なくとも短期的には想定できない。どれだけ多くの業務を外部委託しても事業の最終責任を負うのは自治体であり、現状の手厚いサービスレベル維持を重視することも地域住民の同意がなされていると考える。下水道サービス供給にあたっては緊急災害対応を一定程度行う事業能力（実行部隊）を自治体は引き続き確保する必要がある。このような基本的方向性のもと下水道経営は、広域自治体である都道府県庁や大規模自治体が中心となり、広域統合や自治体出資企業による域外展開というメインシナリオの中で、効果的な民間企業との役割分担、人工知能やビッグデータといった新技術の積極的導入を図る必要がある。

11　自治体が直営でサービスを供給する際には、他の部局（例えば税務担当）の職員が災害時に組織内応援することができる（新型コロナウイルス感染症対応では様々な部門から保健所に職員が動員された）。自治体が100％出資する外郭団体でも、自治体からの出向者が多く、法的には異なるものの事実上は一体的な組織として文化や価値観を共有しており、業務委託仕様書に記載されていない事項も、これまでの信頼関係から融通を利かせて実施できる。しかし、受託者がまったくの別会社になった場合には、このような柔軟な対応ができない可能性がある。

付記

本章は、筆者が 2019 年に Eastern Regional Organization for Public Administration（行政に関するアジア・太平洋地域機関）国際会議で発表した英語論文「Administrative Reform for Sustainable Public Water Services in Japan」（大会最優秀論文賞受賞）の内容（2020 年出版）と、2022 年に出版した英語論文の内容に新たなデータや論考を加え、日本語で大幅に書き直したものである。

参考文献

大阪市 (2012)「大阪市下水道事業経営改革 —— 基本方針と実施計画（案）」.
https://www.city.osaka.lg.jp/kensetsu/page/0000193151.html

大阪市 (2015)「大阪市下水道事業経営形態見直し基本方針（案）」.
https://www.city.osaka.lg.jp/kensetsu/page/0000394633.html

藤原直樹 (2021)「持続可能な地域インフラ管理のあり方」梅村仁編著『実践から学ぶ地域活性化』同友館, 35-49 頁.

Bakker, K. (2007) The "Commons" Versus the "Commodity"; Alter-globalization, Anti-privatization and the Human Right to Water in the Global South, *Antipode*, 39 (3), pp. 430-455.

Bakker, K. (2008) The Ambiguity of Community: Debating Alternatives to Private-Sector Provision of Urban Water Supply, *Water Alternatives*, 1 (2), pp. 236-252.

Bloomfield, P. (2006) The Challenging Business of Long-Term Public-Private Partnerships: Reflections on Local Experience, *Public Administration Review*, 66 (3), pp. 400-411.

Cesar, S. (2019) Privatization of Water: Evaluating its Performance in the Developing World. *Annals of Public and Cooperative Economics*, 90 (1), pp. 5-23.

Fujiwara, N. (2020) Administrative Reform for Sustainable Public Water Services in Japan: A Case Study of Sewerage Management Reform, *Asian Review of Public Administration*, 30 (1 & 2), pp. 54-70.

Fujiwara, N. (2022) Public-Private Partnerships and Their Limitations in Sustainable Public Sewerage Industry: A Comparative Analysis of Three Municipal Cases in Japan, *Review of Applied Socio-Economic Research*, 24 (2), pp. 46-57.

Furlong, K. (2012) Good Water Governance without Good Urban Governance? Regulation, Service Delivery Models, and Local Government, *Environment and Planning A,* 44 (11), pp. 2721-2741.

Iossa, E., and Saussier, S. (2018) Public Private Partnerships in Europe for Building and Managing Public Infrastructures: An Economic Perspective, *Annals of Public and Cooperative Economics,* 89 (1), pp. 25-48.

Swyngedouw, E., Kaika, M., and Castro, E. (2002) Urban Water: A Political-Ecology Perspective, *Built Environment,* 28 (2), pp. 124-137.

第3章

電力改革の成果と課題

野村 宗訓

第1節　市場の特徴と現状把握

　電力(電気)は日常生活と生産活動の両面で必需財であるので、国や地方自治体が関与することにより、「あまねく平等に供給する体制」が整えられてきた[1]。国や時代で異なるが、公的組織や政府の規制下にある民間企業が地域独占として認められ、特定地域において独占的に電力を供給するのが一般的であった。電力の生産から販売までのプロセスは、発電・送電・配電・小売(販売)という部門に分けることができる。地域独占の事業者はこれらの部門を垂直的に統合した形で電力を供給してきた。

　通常の製造業・サービス業では企業間の競争により消費者に商品を提供するが、電力などの公益事業では競争導入が不可能と考えられてきた。しかし、独占にあたるのは物理的に電線を管理す

---

[1]　「あまねく平等に供給する体制」は「いつでも、どこでも、差別なく、合理的な料金でサービスを提供すること」を意味するが、「ユニバーサルサービス」と表現されることもある。

る送配電のネットワーク部門だけで、発電と小売については競争を導入する措置がとられるべきだという考え方が出てきた。その背景には、独占事業者にライバル企業が存在しないため、効率性向上に関するインセンティブがないという問題があり、結果的に、規制料金が高止まりになるという弊害が指摘される。

電力の独占・寡占による非効率性が問題視され、1980年代から「電力自由化」という改革が始まった。具体的な措置として、送配電部門を上流の発電と下流の小売から独立させるという方策がとられた。これは分離するという意味の「アンバンドリング」という用語が使われるが、実際には図3-1に示すように「会計分離」、「法的分離」、「所有権分離」、「機能分離」に細分化される。

イギリスが1980年代末に国有電力会社の民営化を進めると同時に、「所有権分離」に基づく自由化を実施した。90年代には欧米を中心にアンバンドリングに基づき、発電と小売部門に新規参入者を認める制度改革が進展することになった。日本では既存大手電力会社に対して「法的分離」が適用された。電力市場の現況については、図3-2のように示すことができる。発電と小売部門には異業種からも多数の新規参入者が出現している[2]。

競争導入により経済活性化が実現できる面もあるが、発電部門では計画的な投資や適切な電源構成を維持できなくなるという問題も起こり得る。さらに、競争導入は一時的に料金低下をもたらすが、永続的な低下を保証するものではないという問題もある。また参入者が短期間で撤退してしまうと、供給が継続できなくなり混乱を招くことにもなる。安定供給を維持するために、規制と

---

2 2024年3月段階で発電事業届出事業者は1132者、登録小売電気事業者は724者にのぼる。

第 3 章 電力改革の成果と課題　53

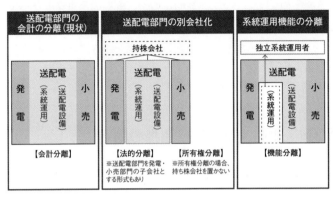

図3-1　「発送電分離」の類型

出所：資源エネルギー庁（2017）「2020年、送配電部門の分社化で電気がさらに変わる」
　　　https://www.enecho.meti.go.jp/about/special/tokushu/denryokugaskaikaku/
　　　souhaidenbunshaka.html

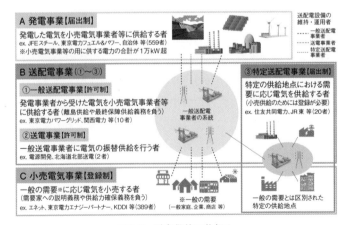

図3-2　電力供給の仕組み

注：事業者数は2017年3月時点
出所：資源エネルギー庁「電力供給の仕組み（2016年4月以降）」
　　　https://www.enecho.meti.go.jp/category/electricity_and_gas/electric/summary/pdf/
　　　kyokyu_shikumi.pdf

競争をどのようにバランスさせるのか、既存大手事業者と小規模な新規参入者を平等に扱うのかという点で、規制者側の課題も残っている。また需要密度の高い都市部とそうではない地方部に格差が生じてしまう点から公平性の維持を熟考する必要がある。

第2節　規制改革・官民連携の動向

　日本の小売自由化は図3-3の通り、2000年から段階的に導入され、2016年にすべての需要家を対象に含めた全面自由化が実現されている。アンバンドリングについてはイギリス型の所有権分離は採用されていないが、2020年に送配電部門の法的分離が実施され、企業間競争が機能する環境が整備された。これらの改革は図3-4のように「電力システム改革」という制度設計に従って進められてきた。

　1990年代から世界的な潮流となった電力自由化をわが国も遅れを伴いながら実施したが、2011年3月の東日本大震災によって東北・東京エリアの電力設備が大きな被害を受けたために、電力システム改革によって全国規模で供給力を拡充する方策がとられた。政府は電力システム改革の目的を以下のように提示しているが[3]、単に企業間競争を促進するだけではなく、「広域的な電力融通」による安定供給が強調された。

3　資源エネルギー庁 (2015)「電力システム改革について」
　https://www.enecho.meti.go.jp/category/electricity_and_gas/electric/electricity_liberalization/pdf/system_reform.pdf

- 2000年以降、電力小売について段階的に自由化(新規参入)が進められてきた。
- 2016年4月からは、一般家庭やコンビニ等を含めた全ての需要家が、電力会社や料金メニューを自由に選択できるようになった。ただし、需要家保護の観点から、規制料金が残されている。

(注)需要家保護のため、経過措置として、少なくとも2020年まで規制料金を残すこととされ、今日まで存置(需要家は規制料金も選択可能)。

図3-3　電力小売全面自由化の経緯

出所:資源エネルギー庁(2024)「電気料金の改定について(2023年6月実施)」
https://www.enecho.meti.go.jp/category/electricity_and_gas/electric/fee/kaitei_2023/

①安定供給を確保する:震災以降、多様な電源の活用が不可避な中で、送配電部門の中立化を図りつつ、需要側の工夫を取り込むことで、需給調整能力を高めるとともに、広域的な電力融通を促進。

②電気料金を最大限抑制する:競争の促進や、全国大で安い電源から順に使う(メリットオーダー)の徹底、需要家の工夫による需要抑制等を通じた発電投資の適正化により、電気料金を最大限抑制。

③需要家の選択肢や事業者の事業機会を拡大する:需要家の電力選択のニーズに多様な選択肢で応える。また、他業種・他地域からの参入、新技術を用いた発電や需要抑制策等の活用を通じてイノベーションを誘発。

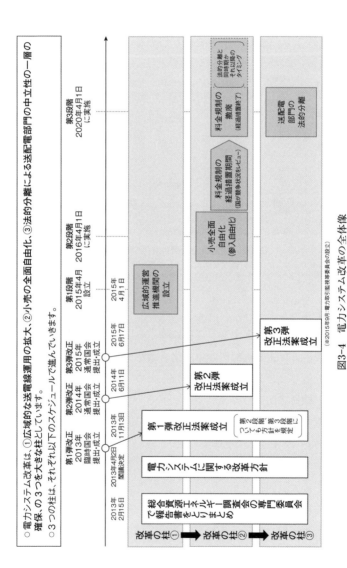

図3-4 電力システム改革の全体像

出所：資源エネルギー庁（2015）「電力システム改革について」
https://www.enecho.meti.go.jp/category/electricity_and_gas/electric/electricity_liberalization/pdf/system_reform.pdf

表3-1 東京電力の大株主(上位10位)(2022年度末)

株主名	持株数(千株)	持株比率(%)
原子力損害賠償・廃炉等支援機構	1,940,000	54.74
日本マスタートラスト信託銀行株式会社(信託口)	214,947	6.07
株式会社日本カストディ銀行(信託口)	64,866	1.83
東京電力グループ従業員持株会	52,947	1.49
東京都	42,676	1.20
株式会社三井住友銀行	35,927	1.01
STATE STREET BANK WEST CLIENT -TREATY 505234	27,078	0.76
日本生命保険相互会社	26,400	0.74
THE BANK OF NEW YORK MELLON 140044	22,091	0.62
JP MORGAN CHASE BANK 385781	20,509	0.58
計	2,447,446	69.06

注:1. 千株未満は切り捨て。 2. 持株比率は、自己株式を控除して計算。
出所:東京電力ホールディングス「数表でみる東京電力」
https://www.tepco.co.jp/corporateinfo/illustrated/accounting/major-shareholders-j.html

　電力市場は競争的な市場へと変容したが、津波により甚大な被害を受けた東京電力福島第一原子力発電所の廃炉と被災地への支援という大きな課題も出てきた。政府は廃炉と支援を目的として法律に基づく認可法人、原子力損害賠償・廃炉等支援機構を設立し、廃炉と支援業務を遂行している[4]。同機構の資本金140億円の内訳は、政府出資の70億円と原子力事業者等12社の70億円である。

　東京電力は民間企業として存続することが困難になり、現在はこの原子力損害賠償・廃炉等支援機構が大株主となっている。

4　2011年9月に原子力損害賠償支援機構が設立され、2014年8月に原子力損害賠償・廃炉等支援機構に改組された。

2022年度末の株主構成は**表3-1**の通りである。東日本大震災後、官民連携を強化することによって被災地への支援と東京電力の業務が継続されている。このように電力システム改革によって安定供給のために電力の広域融通が重視され、東京電力を政府として支援する改革が進められ、供給体制が維持できるようにしているのが実態である。

第3節　自治体対応と地域社会への影響

　電力事業は地域社会に与える影響が極めて大きい業種である。発電所の立地、送配電網の整備、自然災害時の復旧など様々な局面で、事業者・利用者・自治体が相互に協議する機会が多い。原子力発電所に関しては、安全確保の観点から住民の関心が高いことは周知の通りである。特に、東日本大震災時の津波によって東京電力福島第一原子力発電所が被害を受けた後、全国の原子力発電所の安全点検が行われてきたが、立地点の自治体と住民の関心度は一層、高まっている[5]。

　さらに、使用済み燃料の処分についても、候補地選びという段階で対象になった地域では、事業者・住民・自治体の間で幾度となく議論が繰り返されている。わが国では使用済み核燃料を一時的に保管する中間貯蔵を行う地点として青森県六ヶ所村が稼働しているが、最終処分場は決まっていない。原子力発電環境整備機構（NUMO）のホームページにおける理事長の挨拶文には下記の

---

[5]　原子力発電所の安全点検については、日本原子力文化財団『原子力総合パンフレット』「4章　原子力施設の規制と安全性向上対策　原子力規制と検査制度」(2023年1月改訂)が詳しい。

ように記されている[6]。ここからもわかる通り、原子力発電所は運転が終了した後にも放射性廃棄物の処理に時間と費用をかけなければならない。

　NUMOは、高レベル放射性廃棄物（原子力発電所で使い終えた原子燃料を再処理する過程で発生する放射性廃棄物）とTRU等廃棄物（長半減期核種の濃度が高い低レベル放射性廃棄物）をオーバーパックに収納し、その周囲に緩衝材の役割も果たす透水性の低い粘土層を設けるなどの、多重の人工バリア（放射性物質の移動障壁）を施した上で、地上で起きる自然現象の影響を長期間にわたって受けにくい地下300mより深くに位置する、水を通しにくい岩盤に埋設する『地層処分』の取組みを、人と環境の安全確保を大前提に、地域社会と共生しながら実施することを使命にしています。
　このためNUMOは、まず、いくつかの自治体において文献調査を受け入れていただくことを目指しています。文献調査は、地質環境に関する公開文献に基づいて、調査対象地域の地質環境に地層処分の実現を妨げる重大な課題がないかどうか及びその地域で地層処分事業を安全に実施できる可能性を明らかにするために、次の概要調査段階においてどこで調査を実施するべきかを評価・検討し、取りまとめる取組みです。なお、これらの作業は実地踏査をすることなく机上で文献を精査して行うので、言うまでもなく、文献調査の期間中は放射性廃棄物の持ち込みは致しません。

6　原子力発電環境整備機構、近藤駿介理事長、「ごあいさつ」からの抜粋。
https://www.numo.or.jp/about_numo/message/

電力改革により新規参入者が出現する以前には、大手既存電力会社が地域独占事業者として認められていたので、発電所は供給地域内に建設されるのが一般的であり、法的な手続きに従っている限り大きな問題は生じなかった。発電と小売部門に自由化が適用されてからは、事情が一変することになった。小売全面自由化によって、発電所で生産された電気が他地域の顧客に届けられる状況になっている。地域独占が崩れたために、発電事業者と需要家の地理的な関係は固定的ではなくなった。

　脱炭素化を実現するために、再生可能エネルギーの推進が急がれている。自由化後に「地域新電力」のような地域密着型の事業者も出現したが[7]、近年は大規模で集合型のウインドファームが注目を集めている。また、沖合に建設する洋上風力発電所は、「グリーン水素」普及の観点から今後も拡大していくであろう。地理的な条件から立地点は限られるが、地方自治体が地域活性化を狙って発電事業者を誘致する動きもある。全国の風力発電の分布を示すと図3-5のようになる。風力発電は脱炭素化の中核に位置づけられているが、必ずしもプラスの評価だけではなく、騒音問題や景観悪化、生態系への悪影響などから反対派に立つ住民団体や自治体もある。

　国や地方自治体が特定の地域のために既存大手電力事業者に設備能力の強化を要請することは、自由化の発想と相容れない行為になっている。既存発電設備の能力強化については、電力販売先とは無関係に大手電力会社の判断にかかっている。設備廃棄や規模縮小などの決定に関しても、立地自治体が関与することは難し

---

[7]　環境省は「地域新電力」を「地方自治体の戦略的な参画・関与の下で小売電気事業を営み、得られる収益等を活用して地域の課題解決に取り組む事業者」と定義している。

図3-5　風力発電の促進区域、有望な区域等の指定・整理状況（2021年9月）

出所：資源エネルギー庁（2022）「もっと知りたい！　エネルギー基本計画③　再生可能エネルギー（3）高い経済性が期待される風力発電」
https://www.enecho.meti.go.jp/about/special/johoteikyo/energykihonkeikaku2021_kaisetu03.html

くなってくる。自由化が適用されていることを考慮に入れると、地方自治体は単に自らの地域の利益獲得だけを狙った誘致ではなく、一国としての供給力増強や脱炭素化推進という広い視野から事業者・住民との交渉を進めていくべきだろう。

第4節　イギリスからのインプリケーション

　電力自由化で世界のモデルとして注目を集めてきたイギリスだが、実際には他国の協力により安定供給が維持できている面がある。以下で具体的に紹介する。

　第1に、イギリスは電力を輸出入できる国際連系線（クロスボーダー・インターコネクション）で複数の国とつながっている[8]。イギリスが島国である点は日本と共通しているが、わが国のように孤立した状態にあるわけではなく、電力・ガスを輸出入できるように近隣諸国と協力して国際連系線を整備してきた。電力については、フランス、オランダ、ベルギー、デンマーク、ノルウェー、アイルランドとつながっていることに加え、今後もフランスとの設備を増強する計画が進められている。2016年にEU離脱（ブレグジット）を選択したイギリスだが、エネルギーの安定供給については国際的な融通を通して実現する政策をとっている。

　第2に、イギリスの原子力発電所はフランス企業によって運営されている。民営化後に原子力発電専門の企業となったブリティッシュ・エナジー社は、火力発電との競争で不利な状況に陥り、収益悪化により破綻した。2008年にフランス電力会社EDFがその設備を維持することになり、現在もEDFの子会社EDFエナジーがイギリスの原子力発電所の運営にあたっている。既存設備の多くが老朽化のために運転を停止しているが、新規の原子炉設備の建設についてもEDFエナジーが主導している。親会社EDFの株式はフランス政府が100％所有しているので、英仏共

8　Deaney（2022）からその概要が把握できる。

同による原子力政策が展開されているものと解釈できる[9]。

第3に、首都圏の配電会社に関しても他国の出資する企業が運営している。EDFエナジーは首都ロンドン地域の配電部門も所有していたが、2010年にUKパワー・ネットワークス社に転売した。同社の所有比率はCKインフラストラクチャー・ホールディングス・リミッティッド40％、パワー・アセッツ・ホールディングス・リミッティッド40％、CKアセット・ホールディングス・リミッティッド20％となっている[10]。これら3社は香港の資産家、李嘉誠が築いた長江和記実業（CKハチソン・ホールディングス）のグループ企業である。首都圏とその南北の人口密度の高い地域の配電ネットワークは香港に拠点を置く企業によって運営されているが、他国出資の企業であるために支障が生じているわけではない。

小売部門に注目すると、自由化導入の結果、参入企業の破綻や料金高騰による利用者の負担増などの弊害が生じているが、政府介入に基づき解決策がとられている。具体的な事例は以下の通りである。

第1に、2021年11月に卸料金の高騰によって破綻したバルブ・エナジー社に対して公的支援の措置がとられた。顧客数が150万軒に及ぶ規模であったので、利用者を保護する観点から政府が「特別管理制度」（Special Administration Regime）を利用することにより、顧客をライバル企業であるオクトパスエナジー社の設立

9　EDFについては以下の資料が参考になる。
EDF (2024), *2023 FACTS & FIGURES*. またEDFグループの株主がフランス政府である点は以下を参照。
https://www.edf.fr/en/the-edf-group/dedicated-sections/investors/capital-structure

10　UK Power Networks, *Annual Review 2022/23*, p. 47.

した新会社に移管したので、供給停止は回避できた[11]。

　第2に、政府は新たな法律を制定して、小売料金の抑制ができる仕組みを作っている。2019年から小売料金の上限を設定する「プライスキャップ」方式がとられていたが、2022年10月から「エネルギー価格保証」（EPG）という料金支払いの補助制度も導入している[12]。新たに制定された「エネルギー価格法2022」に基づき、大臣は発電事業者に対して費用の引下げを命令できるようになった点も注目に値する。自由化後の弊害を軽減するために、政府の役割が大きくなっているのは皮肉な結果である。

　民営化と自由化を推進してきたイギリスであるが、新型コロナ感染症以降の需給逼迫とロシアのウクライナ侵攻後のエネルギー危機を契機として公的関与を強化する方針に転換している。破綻企業への支援や発電事業者への費用引下げ命令は、利用者を保護する観点からとられているが、過剰介入にあたるので中止すべきだという批判は出ていない。世界情勢が変容するのに合わせてエネルギー政策の方針転換が図られている。

第5節　サービス維持に向けた新たな制度設計

　1980年代から公益事業の民営化と規制緩和が世界的な政策潮流となり、主要国では競争促進を前提にした改革が進められてきた。地域独占から企業間競争へとビジネスモデルが変化したので、事業者はコスト削減と顧客獲得を重視する傾向が強くなっ

11　菅野（2022）、丸山（2023）pp. 5-6.
12　Mawhood, Hutton and Sutherland（2022）pp. 6-10.

た。地域独占下における料金規制は、事業者に一定の利益を保証する点と、利用者料金の乱高下を避ける点で評価されてきた。しかし、必要以上の投資に要する費用も算入されてしまう点や、規制者側の査定に時間がかかり過ぎる点など、弊害も少なくなかった。

　自由化導入に伴い、事業者に設備投資や料金設定で弾力的な戦略が展開できるように改革されているが、長期的視点から計画的な投資を着実に進めていくことは難しくなった。料金設定は競争導入に伴い低廉化させる圧力は働くものの、燃料費高騰については転嫁せざるを得ない状況にある。現実には補助金に頼る局面が増えている。さらに、国際レベルで2050年に向けて脱炭素化の推進と水素社会の構築が追求されているために、事業者には環境改善のための投資やそれに寄与する燃料転換も必要になっているので、政府主導の政策措置が欠かせない。

　わが国では、脱炭素化と安定供給を「GX」（グリーントランスフォーメーション）によって実現する計画が動き始めている。2023年2月に「GX実現に向けた基本方針―今後10年を見据えたロードマップ―」が閣議決定された。その後、5月に「脱炭素成長型経済構造への円滑な移行の推進に関する法律」（GX推進法）と「脱炭素社会の実現に向けた電気供給体制の確立を図るための電気事業法等の一部を改正する法律」（GX脱炭素電源法）が制定された。

　今後、安定供給の確保に向けて、再生可能エネルギーや原子力発電などのエネルギー自給率向上に資する脱炭素電源への転換が推進される。さらに、「GX経済移行債」に基づく先行投資支援や新たな金融手法の活用を含む「成長志向型カーボンプライシング構想」の実現も期待されている。GXに積極的に取り組む組織が一体となって新市場を創造する場として「GXリーグ」も設立さ

れた。

　世界的な異常気象に伴い、これまでに経験したことのない自然災害が増加し、電力のみならずネットワーク産業の設備が被害を受け、サービスが提供できなくなる事態が頻発している。電力事業では、送配電部門が寸断された時に復旧するための費用や、未然に防ぐための設備投資ができるように料金規制の改正が進められている。結果的に利用者も負担することになるが、安定供給を優先するならば地域住民としてそのような仕組み作りに理解を示すことも必要であろう。送配電部門の設備を充実させることを容認しているために、最終的に地域間で小売料金の格差が広がる可能性もある。

　今後は消費者保護の観点からの小売料金を抑制する方策がますます重要になる。安易な事業者側の投資を認めることは避けなければならないが、電力供給のサステナビリティを確保できるだけの投資は必要である。自然災害対応の投資をいかに進めるかについては、全国一律の基準では判断できないケースが増えてくると考えられる。地方レベルで住民参画型の中期計画を立てる仕組みや常設の公共料金問題に対応できる窓口の設置が検討されるべきであろう。

　電力だけではなく、鉄道、通信、空港についても、自然災害による被害を受けてサービス提供に支障が生じている。その都度、復旧措置に取り組まなければならいことが増えている。当面は業種間比較や地域間比較に加え、他国の政策動向にも注視し、現行の規制機関と地方自治体が中心となって緊密な連携をとりながら、サービスが継続できるようにインフラ施設の状態と資金調達の手法についての見直しを進めていくべきである。

付記

　図表、脚注、参考文献で示した URL の最終閲覧日はすべて 2024 年 4 月 7 日である。

参考文献

出野勝 (2021)「我が国の大型ウインドファームについて」『風力エネルギー』Vol. 45, No. 3, pp. 373-376.

環境省大臣官房環境計画課地域循環共生圏推進室 (2021)『地域新電力事例集』.
https://www.env.go.jp/content/900498549.pdf

菅野真 (2022)「オクトパスエナジー、破綻したバルブ・エナジーの顧客を継承」『JETRO ビジネス短信』.
https://www.jetro.go.jp/biznews/2022/11/f881932945d4c55e.html

経済産業省 産業技術環境局 (2022)「GX リーグ基本構想」.
https://www.meti.go.jp/policy/energy_environment/global_warming/GX-league/gxleague_concept.pdf

原子力損害賠償・廃炉等支援機構 (2023)「原子力損害賠償・廃炉等支援機構について」.
https://ndf.s2.kuroco-edge.jp/files/user/soshiki/pamph.pdf

内閣官房 (2023)「GX 実現に向けた基本方針 —— 今後 10 年を見据えたロードマップ」.
https://www.cas.go.jp/jp/seisaku/gx_jikkou_kaigi/pdf/kihon.pdf

丸山真弘 (2022)「小売供給者の経営破綻における特別の倒産手続き —— 英国・特別管理制度の内容とその事例」『公益事業研究』第 74 巻第 1 号, pp. 1-8.

Deaney, A. (2022) *Electricity interconnectors in the UK since 2010*, Special article-Energy Trends collection 30.
https://assets.publishing.service.gov.uk/government/uploads/system/uploads/attachment_data/file/1086528/Electricity_interconnectors_in_the_UK_since_2010.pdf

Mawhood, B., G. Hutton and N. Sutherland (2022) *Public ownership of energy companies*, House of Commons Library Debate Pack.
https://researchbriefings.files.parliament.uk/documents/CDP-2022-0184/CDP-2022-0184.pdf

第4章

地域交通の再構築と官民連携
——イギリスの鉄道改革から学ぶ

西藤 真一

第1節　日本の鉄道・バスをめぐる現状

　マイカー社会と化した地方では、人々のモビリティ（移動の可能性・容易性）をどう確保するかが課題になっている。一般に都市規模が小さくなるほど公共交通は利用されなくなる傾向にある。公共交通の役割が期待される札幌市、仙台市、広島市など地方中枢都市圏でさえ、公共交通の分担率は20％に満たないのが現実である（図4-1）[1]。かなりの部分でマイカーが使われており、マイカー利用者にとって公共交通はほとんど必要視されていないようにも思われる。しかし、誰にとっても移動が容易な環境を確保することは地域経済の基盤形成に直結しているので、公共交通網の整備は重要である。

1　国土交通省「全国都市交通特性調査（2015年調査）」（平日）による。なお、同調査の最新版は2021年調査のデータだが、当時はコロナ禍を受けた緊急事態措置やまん延防止等重点措置の解除直後の経過措置期間であり、いまだ人々の外出行動が大きく変容していた時期と考えられるため、ここでは2015年調査を確認する。

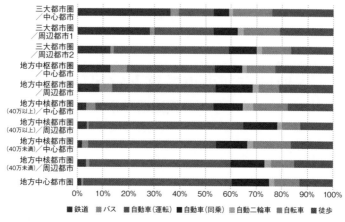

図4-1　移動時の代表的な交通手段(都市規模別)
出所：国土交通省「全国都市交通特性調査(2015年調査)」

　地方部では、ドアツードアで移動できて利便性の高い自家用車に利用がシフトするとともに、人口減少や少子化の影響により通学者が減少する等の影響により鉄道やバスの利用は次第に減少してきた。ここで代表的な公共交通機関として、鉄道について概観してみよう。一般に、新幹線、在来幹線、都市鉄道に該当する路線以外の鉄軌道のことを「地域鉄道」というが、その運営を担っているのは中小民鉄（49社）と第三セクター鉄道（47社）で、総じて経営状況は厳しい。2019年度には78％の事業者の経常収支が赤字となっている（国土交通省, 2023：48）。地域鉄道の輸送人員としてのピークは1991年度で、新型コロナウイルス感染症が拡大する前の2019年度にはピーク時から約22％の減少となった。

　なお、鉄道分野で規制緩和が実施された2000年から2023年4月現在までの期間で46路線、総延長1,100kmを超える鉄道路線が廃止された（国土交通省, 2024）。ただし、JR東日本・西日本・

東海・九州については、上場に伴いJR会社法（正式には「旅客鉄道株式会社及び日本貨物鉄道株式会社に関する法律」）の適用を除外する際の国土交通大臣の指針もあったことから、廃線となる路線は抑制されてきた（大嶋, 2023：23）。なお、その指針とは「新会社がその事業を営むに際し当分の間配慮すべき事項に関する指針」を指し、そこでは「国鉄改革の実施後の輸送需要の動向その他の新たな事情の変化を踏まえて現に営業する路線の適切な維持に努めるものとする」と定められていた。しかし、地域鉄道の経営体力の低下はJR各社も同様であり、近年は各路線の利用状況（輸送密度）や収支に関する情報を提供してその窮状を訴えている。

路線バスも、2010年度から2021年度までの12年間で総延長1万5,000km以上となる路線が廃止された（国土交通省, 2023：32）。2019年度まで大都市部の事業者の多くは輸送人員を増やし経常収支率も改善傾向にあったものの、それ以外の地方の事業者は輸送量の減少が続き、経常収支率も100％を割り込んだままその低下に歯止めがかからない状況にある。

加えて近年では、鉄道・バスとも運転士不足に悩まされている。少ない運転士で広範囲の路線を維持しようとすれば、赤字路線ではないところについても減便せざるを得なくなる。このように、地方では人口の減少や少子化の影響による利用者の減少や運転士不足といった複合的な要因からサービス水準が低下し、それがますます利用離れを招く「負のスパイラル」に陥っている（国土交通省, 2023：76）。

第2節　日本の公共交通をめぐる制度展開

(1) 公共交通活性化再生法による連携の推進

　日本では、鉄道は2000年、バス事業は2002年に需給調整規制を撤廃する規制緩和が実施された。それまでの規制は過当競争を防止し内部補助となる原資を確保しつつ路線を維持するツールとして機能していた。しかし、経済合理性で考えると内部補助は効率性の観点で問題があり、必ずしも国民生活で求められるサービスを保証するわけではない。規制緩和はそれを是正すべく、参入時の免許制を許可制に、退出も一定期間を設けた上での事前届出に、運賃は認可制から上限運賃に関する認可制に緩和され事業者の裁量による活性化を期待した。

　他方、不採算等の理由により維持困難な場合には、必然的に事業から撤退し、他の輸送モードへの転換が起こりうる。ただし、地域住民らの生活に著しい不便をかけてしまうことは避けなければならず、事業の撤退時には地域に協議会を立ち上げて今後の交通のあり方を検討することになっていた（運輸省, 1998）。このように、セーフティネットを施しつつ規制緩和に踏み切った。

　しかし、その当時の協議会は地域の交通計画を立案するような主体ではなかったうえ、住民参画も実現していなかった。つまり、どちらかと言えば事業者の路線撤退のときだけ住民理解を取り付けるような名目的な位置づけにとどまっていた。その点、2007年に「地域公共交通の活性化及び再生に関する法律（以下、「活性化再生法」）」が成立したことは、次の2点において重要である。第1に、活性化再生法では幅広い関係者の参画により「地域公共交通総合連携計画」を策定することが定められたことで地域の主体性が明確になった点、第2に地域住民が参画する「地域交

通会議」が法的に位置づけられ、その構成員として地域住民が主体的に交通計画を策定できるようになった点である。なお、2008年には同連携計画の中に定められる「地域公共交通特定事業」に「上下分離[2]」など鉄道の維持に向けた施策（鉄道事業再構築事業）が追加された。

2013年には「交通政策基本法」が成立し、国・都道府県・市町村・交通事業者・住民の役割が明確化されるとともに、交通とまちづくり、および観光との連携が定められた。つまり、地域活性化・まちづくりのために公共交通を活用するという考え方が打ち出された。それを受けて2014年に活性化再生法は再び改正され、自治体が先頭に立って関係者と合意形成のもと、まちづくり戦略などと一体的な公共交通ネットワークを確保する枠組みに変更された。従来の交通計画は「地域公共交通総合連携計画」と称されていたが、ここにまちづくりや観光振興等の地域戦略と一体となった交通計画の意味を込めて「地域公共交通網形成計画」に改められた（加藤ほか, 2023：281）。

さらに2020年の活性化再生法の再改正では自治体による「地域公共交通計画[3]」の策定を努力義務化するとともに、「地域の輸送資源の総動員」（鉄道・バス・船・デマンド・自家用有償・スクールバスなど）も謳われ、交通事業者間での連携強化を明確に推奨した。2023年には活性化再生法が再び改正され、その目的規定に自治体・公共交通事業者・地域の多様な主体等の「地域の関係

2 　上下分離は鉄道施設（線路）の所有と列車の運行の役割をそれぞれ異なる主体が担うことをいう。これにより上下一体で運営されてきた鉄道事業のうち、鉄道施設に関する費用負担を切り出すことができる。

3 　ここで従来の「地域公共交通網形成計画」から「地域公共交通計画」に名称が改められた。

者」の「連携と協働」が追加された。

　なお、この2023年改正に向けて、国土交通省では疲弊する地方の鉄道や公共交通全般の今後を検討する会議を立ち上げていた。一つは「鉄道事業者と地域の協働による地域モビリティの刷新に関する検討会」(以下、「刷新検討会」)、もう一つは「アフターコロナに向けた地域交通の『リ・デザイン』有識者検討会」(以下、「リ・デザイン検討会」) である。前者の「刷新検討会」では、国鉄分割民営化や需給調整規制の廃止などの経緯や地域公共交通を改善するための法制度を踏まえたうえで、今後、地域鉄道ならびに地方のJR各線区が取り組むべき方向性が示された。取り組むべき方向性は、主として次の5点が掲げられた。①国・自治体・事業者など、鉄道を取り巻くステークホルダーごとの役割と責任、②協議の場づくりを進めること、③鉄道の線区を評価する際の考え方、④公共交通再構築の方策、⑤国の支援のあり方。

　これらの項目で掲げられた事柄自体の重要性はこれまでも一般に認識されてはいたが、あらためてここで強調された[4]。特に、サービスの受益者の中で中心的なステークホルダーとして自治体の役割に対する期待は大きい。しかし、鉄道の場合は自治体を跨ぐ路線を有し、広域的な調整が必要となる場合がある。地域によっては鉄道の重要性に対する意識にズレが生ずることさえあり、これが地域間での連携を阻む要因にもなっていた。そうした課題を踏まえ、刷新検討会では国が主体的に事業者と自治体の話し合いの場を設ける必要があると提言された。それが、「②協議

4　たとえば、①の項目で掲げられた各主体の役割は、2013年の交通政策基本法でも述べられており、国は交通施策を総合的に策定実施すること、自治体は国との適切な役割分担を踏まえた施策を策定実施すること、事業者は業務を適切に遂行し国・自治体の施策に協力するよう努めることなどが定められている。

の場づくりを進めること」という点に表れている。

「リ・デザイン検討会」では鉄道にとどまらず公共交通を全体として捉え、それを再構築することを念頭に、次のような「3つの共創」が打ち出された。①官と民の共創（エリア全体での地域旅客輸送サービスの長期安定化）、②交通事業者相互間での共創（各社やモードの垣根を超えた地域旅客運送サービスの展開）、③他分野を含めた共創（暮らしのニーズに基づく地域旅客運送サービスの創出）である。つまり、「地域の輸送資源の総動員」を具体化するにあたり特定の交通機関に限定することなく、様々な交通事業者や交通機関を一体的に捉え、地域の移動手段の利用可能性を確保することを狙った。

主体間・交通機関どうしの連携は、これまでにも繰り返し指摘されてきたが、さらなる連携の深度化が必要になっている。たとえば、今まで交通計画を策定する時には鉄道の存在を前提として検討が始まり、次いでバスなどの交通ネットワークを検討することが多かった。換言すれば、鉄道のあり方そのものについての議論はあまりなかったということでもある。過去の人口が右肩上がりの時代に整備されてきた交通網では現状のニーズを必ずしもカバーできない現実を直視し、交通網を人口減少時代に合わせて再構築することが急務となっている。実際、刷新検討会では、「単なる現状維持ではなく、真に地域の発展に貢献し、（中略）コンパクトでしなやかな地域公共交通に再構築していくことが必要」と述べられている（国土交通省, 2022a：28）。その際、各ステークホルダーが連携しながらよりよい交通網に仕上げていく必要がある。

(2) 様々な連携を促す制度

　交通をより良いものにするためには、ある特定の交通機関だけに焦点を当てた対策ではなく、地域を俯瞰した取り組みが必要である。そのため、必然的に組織どうしの連携が不可欠となる。まず、事業者間での取り組みを支援する動きとして「独禁法特例法[5]」を取り上げる。前述の2つの検討会や活性化再生法の改正に並行する形で、2020年に「独禁法特例法」が成立した。需給調整規制が撤廃された公共交通は、製造業・サービス業と同様に扱われ、競争制限的な行為として路線・ダイヤ調整や運賃プールは禁止されていた。ところが、公共交通はモビリティを持たない人々の生活には不可欠なサービスであるにもかかわらず、少子化や人口減少、運転士不足を背景に、もはや事業者の存続すら危ぶまれる地域も現れる厳しい状況に追い込まれている[6]。

　新規参入を見込めないような地域で事業が破綻してしまうと、地域のモビリティを失うことになる。そのため、事業破綻の恐れが生ずる前に合併または共同経営による経営力の強化、生産性の向上を図る必要があるとの認識から独禁法特例法が制定された。同法はサービスの維持・活性化につながるとともに利用者利益の向上に役立つのであれば、事業者を「地域基盤企業」と認定したうえで、合併やカルテル行為を「共同経営」として一部認めるも

5　正式には「地域における一般乗合旅客自動車運送事業及び銀行業に係る基盤的なサービスの提供の維持を図るための私的独占の禁止及び公正取引の確保に関する法律の特例に関する法律」という。

6　2023年8月には福島県猪苗代町と北塩原村でバスを運行する磐梯東都バスが事業から撤退し会津バスへの事業承継を決定したほか、同年9月には大阪府富田林市などでバスを運行する金剛バスも事業からの撤退を公表した。いずれも地域の少子高齢化に伴う利用者の減少やドライバー不足を理由に掲げている。(NHK ウェブサイト)

のである。2023年12月現在では全国で6事例が存在する[7]。

　もう一つ、事業者どうしの連携を促進する制度として「エリア一括協定運行」が認められた。この制度は「リ・デザイン検討会」で提言され、2023年活性化再生法に基づく「地域公共交通利便増進実施計画」の一つのメニューとして導入された制度である。これは公設民営による公共交通網の整備とも言え、一定のエリアについて複数年度にわたって、あらかじめ事業者と自治体が協定を締結し、その協定においてサービス水準や費用負担（補助金額等）を定めて運行を行う。自治体は、その交通サービス水準を確保するために必要な対価としての費用を交通事業者に支払う。こうすることで、地域の交通網を俯瞰し、抜本的に路線網の再構築に取り組むことができるほか、運行を受託する企業としても事業改善に対する取り組みを進めやすくなるメリットがある。なお、これは後述するイギリスのマージーサイド地域における鉄道フランチャイズ協定にも類似している。

　もちろん、これまでも事業者や住民らが公共交通に関する協議会等で連携し、望ましい交通網の体系を構築する努力を重ねてきた。しかし既存のバス路線等が存在することで、路線網の大がかりな再編は難しい面があった。また、路線維持にあたって必要な補助は、単年度の路線系統単位で欠損額の補填を基本とし、事業者努力による事業改善で欠損額を削減しても次年度にはその分の補助金が減るだけで事業者のインセンティブにはなりにくかった。さらに、補助金の交付決定は単年度単位であるばかりか、補填に対する補助の決定も実績に応じた事後的な決定に基づくた

7　各事例の共同経営計画は国土交通省ウェブサイトに掲載されている。
https://www.mlit.go.jp/sogoseisaku/transport/sosei_transport_tk_000153.html

め、金融機関からしてみると事業者の資金繰りの脆弱性を認識せざるを得ない面があった(大嶋, 2023)。エリア一括協定運行の導入によって、自治体が今後のまちづくりも考えながら望ましい交通体系を再構築しやすくなるうえ、事業者にとっても数年間の契約により事業の展望を描きやすくなる。松本市は2023年に全国初の事例としてバス会社と5年間のエリア一括協定を締結し、重複路線の分割・統合や最適なダイヤ編成に取り組むこととしている。

第3節　イギリスにおける鉄道改革の見直し

(1) 公設民営に動くイギリスのフランチャイズ[8]

　イギリスでは1979年のサッチャー政権誕生以降、民営化・規制緩和が推進された。その改革では、従来、自然独占とみなされたネットワーク産業にも適用され、構造分離を伴いながら産業の一部への競争導入が図られた。イギリスの鉄道事業の特徴は次の2点に集約される。第1は、垂直統合形態にあった旧国鉄を、列車運行部門・車両リース部門・鉄道施設保有部門でそれぞれ資本関係をまったく持たない形で上下分離したこと、第2に、鉄道事業における競争を志向したことである。ただし、その競争は列車運行会社どうしが同一路線上で展開する競争(オープンアクセス)というよりも、市場参入における競争(基本的には路線単位でのフランチャイズ入札)であった。

　一連の鉄道改革は1993年の鉄道法改正により着手されたが、

---

[8] フランチャイズは一般に営業権のことである。イギリスの鉄道では路線単位で列車運行の営業権をフランチャイズとして設定し、それを入札させる形で競争を導入した。

結果的には当初の期待とは裏腹にむしろ課題の方が目立ってしまった（Nash, 2004）。第1の課題は鉄道施設に対する投資不足に陥った点、第2に経営難に陥るフランチャイズが続出した点である。これらはいずれも需要変動のリスクを負いながら民間が大規模な投資を行うことの限界や（Prossor, 2018）、利害関係が複雑化したことによるダイヤ調整等の取引費用の増大（van de Velde, et al., 2012）、鉄道全体の戦略を担う主体の曖昧化（Glaister, 2006）が背景にある。

イギリスではそれらの課題に対して、運輸省（Department for Transport）に権限や事業リスクを集約化する方向で当初の民営化スキームが見直されてきた。しかし、図4-2に示すようにコロナ禍の直撃により鉄道は著しい利用者の減少に直面し、フランチャイズの経営にも大きな打撃を与えた。そのため、運輸省はコロナ禍の緊急対応としてすべてのフランチャイズの民間運営を一時停止させ、収入と支出を運輸省自らが管理して鉄道事業リスクのすべてを運輸省に移行させたのである。これが先鞭となり、2021年の政府文書において、これまでのフランチャイズ制を恒久的に廃止し、鉄道事業の運営をGreat British Railways（以下、「GBR」）という政府所有の企業に移行させる方針を示した。これは政府が一国全体の鉄道事業を管理する方針を示したものであり、歴史的な政策転換と言える。民営化の行き着く先が国有企業の創出であったというのは皮肉だが、長期的な視野に立った事業の構築は民間だけでは非常に難しいことを示している。

GBRの特徴は次の2点にある。第1に、GBRは国有の企業体として運賃やダイヤ等のサービス水準を決定するようになり、フランチャイズ制が廃止される。ただし、このGBRが直接、列車を運行するのではなく運行業務は官民のパートナーシップとして

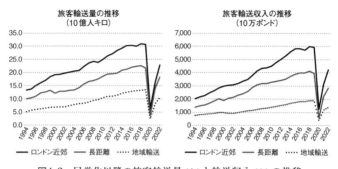

図4-2　民営化以降の旅客輸送量（左）と輸送収入（右）の推移
出所：ORR（2023）Data Tables Web サイトに基づき筆者作成。
https://dataportal.orr.gov.uk/statistics/usage/passenger-rail-usage/

民間事業者に委託する。運輸省は鉄道事業の戦略策定や日々の管理にも責任を負うことを明確にした。つまり、収入と費用は運輸省が管理して、民間が需要変動や投資のリスクを負わないようにする。第2に、GBRは鉄道施設を保有・維持するネットワークレールも吸収し、列車運行と鉄道施設の保有・維持を一括管理する。これによって列車どうしのダイヤ編成や、それに合わせた鉄道施設への投資計画が立てやすくなる（図4-3）。

なお、車両リース部門についてはGBRに吸収するのではなく、民間による運営を継続する予定である。車両リース部門は大手3社を中心とする寡占市場となっているが、成長市場として期待されていることもあり、金融投資家による出資を通して潤沢な資金が供されている。そのため、1993年の民営化当初から当部門は国の関与や支援を一切受けず純粋な民間企業によって運営されてきた。そのほか、一部のオープンアクセス事業者（フランチャイズを持たずに参入を許されている列車運行会社）も継続が許される見込みである。

第4章 地域交通の再構築と官民連携 ── イギリスの鉄道改革から学ぶ 81

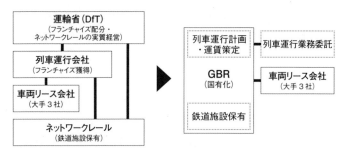

図4-3 GBR再編前後の組織間関係
出所：DfT（2021）の記述内容に基づき筆者作成。

(2) GBR設置後の課題

 イギリスの鉄道に様々な課題が露呈したのは、端的には戦略性やリスクの面でいずれも民間企業が担える範囲を超えていたことによる。長期的な戦略性に基づいた計画立案や維持管理は政府（運輸省）の役割であり、その点でGBRの設置は評価できる。ただし、これですべての課題を解決することにはならない。GBRは政府文書でその構想こそ示されたものの、政権交代などの影響により現在も具体的な制度として立法化されておらず、2024年の設立にずれ込む見込みである（Preston, 2023：3）。

 Gill（2021）は政府アドバイザーの立場から組織に関する課題も示している。第1の課題は、列車運行の業務委託で鉄道産業のコストを抑制できるかという点である。DfT（2021）はこの業務委託（民間活用）で鉄道事業全体の効率化・イノベーションに資すると指摘しているが、需要拡大につなげられるとは限らない。また、需要拡大を抜きに業務面を効率化するとしてもその余地は乏しい。

 第2に、GBRが主導する長期的な戦略と事業の収益性をどう

両立させるのかという点である。長期的な観点に立つと利用者から必要とされるサービス水準を達成するための投資が求められる。しかし、それは利用者からは必要とされつつも、経営成果としての収益性とは相容れない場合がある。しかも GBR が国有企業となる限り、政治的な思惑を持った計画から切り離せるかどうかも未知数である[9]。

第3に、地域ニーズの反映と採算性のバランスである。GBR はその名の通りイギリス全国の統一ブランドとなる。この場合、地域別に異なるニーズを各地方部局ごとに把握することが求められる。より良いサービスの実現のためにはそれぞれの地域と密接な連携が必要になるが、それは政治的な圧力による影響を避けられないだろう。GBR がその政治的な圧力にどう対応するのかということも現段階では明確にされていない。

第4節　地域交通の再構築に向けて

　イギリスは上下分離とフランチャイズ制を導入したが、投資を伴う中長期の戦略性や事業者どうしの利害調整など適切なインセンティブを提供することができず、結果としてその役割は運輸省が主導的に担うことになった。ただし、上下分離やフランチャイズ制を採用すれば必ずこのような混乱をもたらすわけではない。van de Velde, et al. (2012) は線路の容量が逼迫するほどダイヤの調整等に要する費用は高くなることを示したが、それは比較的都

9　Gill (2021) では、利用者の少ないサービス提供の維持を引き合いに説明し、「GBR は利益を上げることなしに、商業的なマインドを持たなければならない」と指摘している (同書, p.8)。

市部に該当するだろう。また、フランチャイズ制についてもKurosaki（2018）が指摘したように、サービス水準や補助額などをあらかじめ官民で契約し、列車運行を民間が担うスタイルは特に地方において有用である。

イギリスでは、民間に営業面でのリスクを負わせることがサービス提供における効率化を促すとの考えに基づき、鉄道民営化が実施された。ただし、鉄道の競争力を保つためには大規模な更新・新規投資は避けて通れない。そのようなプロジェクトに民間の資金やノウハウを活用する際には、事業者の裁量に伴うリスクと事業者の管理が届かない外生的なリスクを切り分けなければならない。しかしながら、実際にはそれらを明確に切り分けるのは難しい（Prossor and Butler, 2018）。そのため、イギリスでは運輸省の関与を段階的に強化する対応策がとられてきたが、GBRの設置でその方向がよりいっそう強化される。

鉄道については、イギリス全体としてGBRに再編する方針が示されたが、今後は地域のバスサービスとどのように連携させるかも課題になる（Preston, 2023）[10]。特定の交通機関だけの断片的な施策では効果は限定的なものとなるからである。そのうえで、地域が統合的な交通を実現するために必要な十分な予算も措置すべきである。たとえば、Villa.i.Aguilar, et al.（2022）はバスの活性化を模索する際には、道路の渋滞緩和に向けた施策とも連携した取り組みがなければ、結局バスサービスの改善にはつながりにくいことを一例として紹介している。

その点で、リバプールを中心とした複数の自治体で構成する運

10　イギリスでは鉄道の再改革に合わせて2021年に全国バス戦略（National Bus Strategy）を公表し、すべての地域の交通局に対して「バスサービス改善計画」の策定を義務づけるなど、官民のパートナーシップ強化を打ち出した。

輸公社（マージートラベル）の例は参考になる。イギリスの鉄道フランチャイズは原則、運輸省が交付することになっているが、マージートラベルは当該地域の鉄道フランチャイズの交付において運輸省との共同署名者となっている。つまり、事実上フランチャイズ交付の権限が運輸省からマージートラベルに委譲されている。

そしてそのフランチャイズ契約の締結では、同公社が主導してサービス水準を定めたうえでその運営を民間に委ねる方式がとられ、収益リスクを事業者に移転しないことになっている（Prossor and Butler, 2018）。加えて、マージートラベルは旅客運輸公社として鉄道、バス、道路などを一元的に管理・運営している。この特徴は前述のわが国における「エリア一括協定運行」にも似ている。

このような組織であれば、交通機関どうしの連携・統合化のほか、都市計画とも整合性のとれた交通網を構築しやすくなる。Southern（2023）は、マージートラベル管内の鉄道駅のある地区の住民は、鉄道駅のない地区の住民に比べてリバプール中心市街地への通勤アクセスが他地域よりも優れており、失業率が低位に推移していることを地理情報から明らかにしている。そして鉄道の適切な運営が地域住民の社会参加を促すと指摘した。

日本においても、地域の主体的なかかわりはますます重要性を帯びている。近年は「地域の輸送資源の総動員」と言われるように、交通機関どうしの連携を模索する動きも出てきた。さらに情報通信技術を使ったMaaS（Mobility as a Service）やライドシェアに対する期待も高まっている。しかし、情報のプラットフォームの構築だけに目を奪われてはいけない。また、ライドシェアについても縦横無尽に常に多くの人が行き交う都市部と、決まった時間帯に特定の目的地に向かう移動の多い地方部で交通流動の特性

がまったく異なることにも注意すべきである。公共交通と言えば鉄道やバス、タクシーを想起しがちだが、実際にはそのバスやタクシーにも道路運送法上で様々なタイプの輸送形態が定められている。合理的なサービス水準を将来にわたって維持しどのような都市を形成しようとするのか、地域にあった交通サービスを再構築する必要がある。

参考文献

宇都宮浄人 (2020)『地域公共交通の統合的政策 —— 日欧比較からみえる新時代』東洋経済新報社.

運輸省 (1998)「旅客鉄道分野における需給調整規制廃止に向けて必要となる環境整備方策等について —— 運輸政策審議会鉄道部会答申」.

大嶋満 (2023)「ローカル鉄道を始めとする地域公共交通の再構築 —— 地域公共交通活性化再生法等改正案」『立法と調査』第 455 号, pp. 21-35.

加藤博・岡田祥昴・宮脇僚士 (2023)「地域公共交通の活性化及び再生に関する法律等の一部を改正する法律について」『RESEARCH BUREAU 論究』(衆議院) 第 20 号, pp. 280-298.

国土交通省 (2022a)「地域の将来と利用者の視点に立ったローカル鉄道の在り方に関する提言 —— 地域戦略の中でどう活かし、どう刷新するか」(鉄道事業者と地域の協働による地域モビリティの刷新に関する検討会).

国土交通省 (2022b)「アフターコロナに向けた地域交通の『リ・デザイン』に関する提言 —— 官と民、交通事業者間、他分野との共創によるくらしのための交通の実現へ」(アフターコロナに向けた地域交通の「リ・デザイン」有識者検討会).

国土交通省 (2023)『交通政策白書 (令和 5 年版)』.

国土交通省 (2024)「近年廃止された鉄道路線」.
https://www.mlit.go.jp/common/001344605.pdf

西藤真一 (2022)「イギリスにおけるコロナ対応としての鉄道再国営化の背景について」『交通と統計』No. 67, pp. 16-24.

斎藤峻彦 (2005)「不採算公共交通政策の経緯と課題」『關西大學商學論集』第

50 巻第 3-4 号, pp. 1-12.
NHK ウェブサイト「『磐梯東都バス』撤退後は別のバス会社が事業を引き継ぐ」(2023.8.8 報道).
 https://www3.nhk.or.jp/lnews/fukushima/20230808/6050023460.htm
NHK ウェブサイト「大阪 富田林などで運行の『金剛バス』路線バス事業廃止へ」(2023.9.11 報道).
 https://www3.nhk.or.jp/kansai-news/20230911/2000077770.html
Department for Transport (DfT) (2021) *Great British Railways: The Williams-Shapps Plan for Rail.*
Gill, M. (2021) *Getting Great British Railways on Track*, Institute for Government.
Kurosaki, F. (2018) "A Study of Vertical Separation in Japanese Passenger Railways", *Case Studies on Transport Policy*, Vol. 6, pp. 391-399.
Nash, C. (2004) "What to Do about the Railways?", in Robinson, C. (*ed.*), *Successes and Failures in Regulating and Deregulating Utilities: Evidence from the UK, Europe, and the USA*, Edward Elgar, pp. 84-124.
Preston, J. (2023) "All Things must Pass? Recent Changes to Competition and Ownership in Public Transport in Great Britain", *Research in Transportation Economics*, Vol. 99, 101281.
Prosser, T. and Butler, L. (2018) "Rail Franchises, Competition and Public Service" *Modern Law Review*, Vol. 81 No. 1, pp. 23-50.
Southern, B. (2023) "The Impact of a Rail Network on Socioeconomic Inclusion: A Ward-level Analysis of Liverpool", *Local Economy*, Vol. 38 No. 3, pp. 199-225.
van de Velde, D., Nash C., Smith, A., Mizutani, F., Uranishi, S., Lijesen, M. and Zshoche, F. (2012) *Economic Effects of Vertical Separation in the Railway Sector*, CER (Community of European Railway and Infrastructure Companies).
Villa.i.Aguilar, X., Rye, T., Cowie, J., and McTigue, C. (2022) "Bus Franchising in English and Scottish Regions-Viable Solution or Unfeasible Instrument?", *Transport Policy*, Vol. 120, pp. 1-10.

第5章

空港運営の民間企業化

野村 宗訓／西藤 真一

第1節　空港の分類と現状把握

　日本には97空港が存在し、以下のようなカテゴリーAからDに区分されている。その半数以上が地方自治体の運営する地方管理空港である。それらの分布は図5-1のように示されるが、全国の5分の1にあたる空港が離島の多い鹿児島県と沖縄県に集まっている点に特徴がある。

　A 拠点空港 28
　　①会社管理空港 4
　　②国管理空港 19
　　③特定地方管理空港 5
　B 地方管理空港 54
　C その他の空港 7
　D 共用空港 8

　空港運営主体は主に国土交通省（旧運輸省）と地方自治体であるが、成田国際空港、関西国際空港（以下、「関空」と略記）、中部

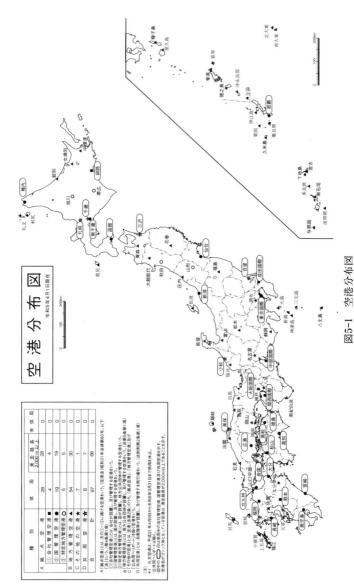

図5-1 空港分布図

出所：国土交通省航空局（2023）「空港分布図」https://www.mlit.go.jp/koku/content/001630911.pdf

国際空港 (セントレア) などの会社管理による形態も認められ、民間企業の意識を高めた経営ができるようになっている。近年は運営権を民間企業に譲渡するコンセッション方式が導入された空港も増えている。1980年代から世界的に航空自由化が進展したために、空港は航空会社から選ばれる立場にある。したがって、空港を魅力ある場所にして、利用者増加を通して収益を上げる工夫が求められている[1]。

空港周辺が企業・工場中心の街なのか観光地なのか、利用者がビジネス目的とレジャー目的のどちらなのかといった点から、空港運営主体はどの都市とつながっているのが合理的なのかを判断する必要がある[2]。旅客便と貨物便、国内線と国際線、定期便とチャーター便の比率なども考慮して、利益を生み出す組織への転換が重要になっている。また、着陸料・駐機料のような航空収入だけではなく、テナントやパーキングから得られる非航空系収入も運営主体の収益源となるので経営戦略上、重視されている。

航空自由化によって、米国内や EU 域内において低コストで運航する航空会社 LCC (ローコストキャリア) が増えてきた。搭乗率を高くするために座席数が150人程度の機材を使い、格安運賃を設定しながらも多頻度運航で利益を生み出すモデルに基づき戦略的な経営を行っている[3]。代表的な航空会社として、サウスウエスト、イージージェット、ライアンエアなどがあげられる。伝統的

---

1 近年の航空・空港業界に関する情報については、関西空港調査会・加藤・西藤・幕・朝日 (2021) が詳しい。また空港経営の全体像を学ぶには、Graham (2023) が有益である。
2 航空・空港の利用者がどの範囲まで広がっているかについては、「後背地」(キャッチメントエリア) という用語が使われることもある。
3 特定の同一機材を使用する LCC が多い理由として、購入時のディスカウントが可能なだけではなく、維持管理、パイロット養成、チケット販売面での容易性があげられる。

な大規模航空会社であるFSC（フルサービスキャリア）が都市部で使う空港は混雑現象が起こりやすいため、LCCは郊外立地で定時運航が可能な二次空港（セカンダリーエアポート）や地方空港を利用することが多い。

　LCCの出現により運賃を見直すFSCが増え、航空業界全体で価格競争が激しくなってきた。とりわけEU内部には二次空港や地方空港が多いこともあり、利用者の選択肢が増えている。EU域内ではヒト・モノの移動が基本的に自由であることに加え、先進国の企業が後発国に工場を立地するケースが多く、後発国の労働者が賃金の高い先進国に移動するので、双方向で航空・空港の利用が高まっている。それに伴い、週末や休暇を利用して友人・親戚を訪問する需要層（VFR）が増加しているという点も大きな特徴としてあげられる。

　自由化以降、LCCとVFRの好循環によって航空・空港業界が成長軌道に乗っていたものの、2020年から新型コロナ感染症がまん延し始め、需要は激減することになってしまった。世界で厳しい入国制限措置がとられてきたが、幸い2023年から緩和されたので国内線に続き国際線も復活する兆しを見せている。しかし、ロシアによるウクライナ侵攻や航空燃料の高騰、地上業務を行うグランドハンドリングの人員不足などの影響により、世界の航空需要は以前のレベルには戻っていない。空港経営も航空会社と同様にコロナ禍で大幅に利用者数が落ち込み、現在も収益改善策が模索されている段階である。

第2節　規制改革・官民連携の動向

　空港改革が求められたのは、関空の累積債務が増大し続けていたのに歯止めをかける必要があったことにまで遡る[4]。国土交通省が「成長戦略」の中で、関空の収益改善を明記したのは2010年である。これは日本航空（JAL）の経営破綻が明らかになった年でもある。赤字に直面している関空を黒字基調の大阪国際空港（伊丹）と統合する方針が打ち出され、複数空港を統合する改革が実現した。その運営権を民間企業に譲渡するコンセッションが進められ、結果的にオリックス、ヴァンシ、地元企業が出資する関西エアポートが継承することが決まった。

　その後も国管理の空港にコンセッションの手続きが適用されて、**表5-1**に示しているような民間企業の運営する空港が誕生している。北海道には13空港が存在するが、そのうち7空港が複数一括運営でコンセッションに移行した。これは後述するスコットランドの改革がモデルである。新たに設立されたコンセッションを受ける会社に出資している組織名も表中に示している。関西エアポートのように地元の有力企業30社が株主として参加している例も見られる。単独ではリスクがとれない場合には複数企業で共有する方法がとられるが、多すぎると意思決定に時間がかかるために迅速な戦略が展開できなくなるデメリットもある。

　「コンセッション」は「空港民営化」と同義のように理解されることも多いが、実態としては空港の所有権を公有下に置きなが

---

[4]　世界的にも珍しい人工島の海上空港として1994年に開港した関空は、建設費用が想定以上に高くなった。さらに、都心部から離れているために搭乗率が上がらず、就航する海外の航空会社が減少し、民間企業として設立された関西国際空港株式会社の収益が悪化し、政府からの補給金に依存する経営が続いていた。

表5-1 日本の主要空港の概要（2022年）

順位	空港名	管理主体／コンセッション	合計	乗降客数 国内	国際	内際比率 国内	国際
1	東京国際	国	50,427,921	46,392,052	4,035,869	92.00%	8.00%
2	新千歳	国／北海道エアポート 北海道空港株式会社、三菱地所、日本政策投資銀行、北洋銀行、北海道電力、サンケイビル、日本航空、ANAホールディングス、三井不動産、東急、岩田地崎建設、道新サービスセンター、電通グループ、大成コンセッション、損害保険ジャパン、三菱商事	15,227,741	14,970,359	257,382	98.31%	1.69%
3	福岡	国／福岡国際空港 福岡エアポートホールディングス 49.57%、NNR-MC空港運営株式会社 39.13%、福岡県 10.00%、九州電力 1.30%	14,824,614	13,890,823	933,791	93.70%	6.30%
4	那覇	国	13,765,285	13,661,102	104,183	99.24%	0.76%
5	成田国際	会社 国土交通大臣 91.66%、財務大臣 8.34%	13,754,290	6,381,619	7,372,671	46.40%	53.60%
6	大阪国際	会社／関西エアポート オリックス 40%、ヴァンシ・エアポート 40%、下記の30社 20% アシックス、岩谷産業、大阪ガス、大林組、オムロン、関西電力、近鉄グループホールディングス、京阪ホールディングス、サントリーホールディングス、JTB、積水ハウス、ダイキン工業、大和ハウス工業、竹中工務店、南海電気鉄道、西日本電信電話、パナソニックホールディングス、阪急阪神ホールディングス、レンゴー、池田泉州銀行、紀陽銀行、京都銀行、滋賀銀行、南都銀行、日本生命保険相互会社、みずほ銀行、三井住友信託銀行、三菱UFJ銀行、りそな銀行、民間資金等活用事業推進機構	11,528,144	11,528,144	0	100.00%	0.00%
7	関西国際	会社／関西エアポート	7,939,885	5,589,586	2,350,299	70.40%	29.60%
8	中部国際	会社 国土交通大臣 39.99%、愛知県 5.87%、三菱UFJ銀行 3.22%、中部電力 2.98%、JR東海 2.98%、トヨタ自動車 2.98%、名古屋鉄道 2.98%、名古屋市 2.83%、みずほ銀行 0.89%、デンソー 0.71%、東邦ガス 0.71%、日本碍子 0.71%	4,970,336	4,529,391	440,945	91.13%	8.87%
9	鹿児島	国	4,064,791	4,064,772	19	100.00%	0.00%
10	神戸	地方／関西エアポート	2,701,449	2,701,440	9	100.00%	0.00%
11	仙台	国／仙台国際空港 東急 42%、前田建設工業 30%、豊田通商 16%、東急不動産 9%、東急エージェンシー・東急建設・東急コミュニティー 各 1%	2,529,942	2,529,002	940	99.96%	0.04%

第5章　空港運営の民間企業化　93

No.	空港名	区分	計	計	計	%	%
12	熊本	国／熊本国際空港	2,263,376	2,263,255	121	99.99%	0.01%
		九州電力, 九州産業交通ホールディングス, テレビ熊本, 再春館製薬所, 九州産交運輸, 双日, 日本空港ビルディングス, サンケイビル, ANAホールディングス, 日本航空, 熊本県, 三井不動産					
13	長崎	国	2,231,184	2,231,077	107	100.00%	0.00%
14	宮崎	国	2,226,599	2,225,751	848	99.96%	0.04%
15	新石垣	地方	2,157,356	2,157,356	0	100.00%	0.00%
16	松山	国	1,928,859	1,928,521	338	99.98%	0.02%
17	広島	国／広島国際空港	1,716,694	1,716,681	13	100.00%	0.00%
		三井不動産, 東急, 広島銀行, ひろぎんキャピタルパートナーズ, 広島電鉄, 九州電力, 中国電力, エネコム, マツダ, 福山通運, 広島マツダ, 広島ガス, 住友商事, 東急建設, 東急コミュニティー					
18	宮古	地方	1,364,403	1,364,403	0	100.00%	0.00%
19	大分	国	1,293,492	1,293,482	10	100.00%	0.00%
20	函館	地方	1,252,568	1,252,568	0	100.00%	0.00%
21	高松	国／高松空港	1,161,834	1,155,746	6,088	99.48%	0.52%
		三菱地所, 大成建設, パシフィックコンサルタンツ, シンボルタワー開発, 香川県, 高松市					
22	高知	国	1,149,367	1,149,367	0	100.00%	0.00%
23	小松	共用	985,302	985,302	0	100.00%	0.00%
24	青森	地方	887,053	887,053	0	100.00%	0.00%
25	秋田	特定地方	840,619	840,619	0	100.00%	0.00%
26	旭川	特定地方	766,453	766,453	0	100.00%	0.00%
27	名古屋	その他	759,445	759,412	33	100.00%	0.00%
28	岡山	地方	751,518	751,518	0	100.00%	0.00%
29	奄美	地方	738,430	738,430	0	100.00%	0.00%
30	北九州	国	737,335	737,335	0	100.00%	0.00%

出所：国土交通省『空港管理状況調書』および各社の資料に基づき筆者作成。

ら、運営権を 30 年程度の一定期間、民間企業に有償で譲渡する措置である[5]。コンセッションは収益悪化に直面する地方空港の改革に適用される官民連携の独特な手法と理解することができる。運営権を取得した民間企業によって魅力のある空港に転換することが期待されている。そのためには就航する航空会社数や路線数の増加を図ることが求められる。

民営化とは、公的組織に置かれていた組織を株式会社化した後に、その株式の一部もしくはすべてを売却する手法である。株式売却の可能性が低い場合には、「疑似民営化」としてのコンセッションが適用される。現実の民営化には多様な形態が含まれるが、公的サービスの供給主体を官営・公企業から民営・私企業に転換したとしても、政府・自治体が一定の規制を残しながら、安定供給を継続するために寄与しなければならないことは言うまでもない。この点が軽視されると、民間企業に移行した事業者が自己の利益追求を優先する行動をとり、利用者の利便性が大幅に低下することになってしまう。

第3節　イギリスにおける改革からのインプリケーション

空港改革のパイオニアとしてあげられるのはイギリスである。電力・ガス・水道・鉄道などすべての公益事業の民営化と自由化を推進してきたイギリスは、1986 年から一定規模以上の空港を

---

[5] 30 年というのは 1 つの目安であり、ケースバイケースで決められる。コンセッションには譲渡を受けた企業に設備投資の権限を認める点に特徴があるので、投資意欲を促すためには短期よりも長期の方がよいと考えられる。

民間企業化する改革に着手した。国有企業だったBAAと自治体が管理していた大多数の空港が株式会社に移行し、その株式は民間企業に売却されることになった。一部の自治体は株式を部分的に保有し続けたところもある。また、投資会社であるファンド企業などと共有する例も見られ、株式保有状況はまちまちであり、時代の流れの中で株主構成や所有比率にも変化が見られる。

イギリスには定期便が就航している空港は約50あり、首都ロンドンには6空港が存在する。表5-2は主要33空港についての乗降客数ランキング（2022年）を示している。さらに、内際比率や国際線については「EU域内路線」と「その他国際線」比率、定期便・チャーター便比率も把握できるように示している。これらのデータから以下のような特徴が浮き彫りになる。①ロンドンの6空港のうち4空港が上位に入っている。②地方都市のマンチェスターが第3位に入る乗降客数に達している。③スコットランドの2空港と北アイルランドの1空港も上位10空港に入っている。④ほとんどの空港の国際線比率が高く、その内訳を見るとEU域内路線が中心となっている。⑤一部の地方都市では観光・リゾートを目的としたチャーター便に依存している空港がある。

マンチェスター空港を経営するマンチェスター・エアポーツ・グループ（MAG）は株式会社形態をとっているが、株主はマンチェスター市、周辺の9自治体、オーストラリアのファンド会社（Industry Funds Management）から構成され、所有比率はそれぞれ35.5％、29％、35.5％となっている。MAGが中心となり、「エアポートシティ・マンチェスター」という都市開発を進めて、地域活性化に寄与している。近隣に立地している大学との協力で留学生を受け入れる都市として空港会社が媒介役となっている点は

表5-2　イギリスにおける主要空港の概要 (2022年)

順位	空港名	合計	内際比率 国内	内際比率 国際	国際線 EU域内路線 EU域内比率	国際線 EU域内路線 定期便・チャーター便比率 定期便	国際線 EU域内路線 定期便・チャーター便比率 チャーター便	国際線 その他国際線 その他国際比率	国際線 その他国際線 定期便・チャーター便比率 定期便	国際線 その他国際線 定期便・チャーター便比率 チャーター便
1	★ヒースロー	61,596,618	6.0%	94.0%	36.8%	99.9%	0.1%	63.2%	99.9%	0.1%
2	★ガトウィック	32,831,088	8.2%	91.8%	73.0%	93.4%	6.6%	27.0%	90.7%	9.3%
3	マンチェスター	23,340,418	6.0%	94.0%	70.4%	90.3%	9.7%	29.6%	88.6%	11.4%
4	★スタステッド	23,289,652	3.6%	96.4%	89.6%	98.9%	1.1%	10.4%	97.0%	3.0%
5	★ルートン	13,322,236	7.8%	92.2%	84.6%	98.9%	1.1%	15.4%	98.8%	1.2%
6	●エディンバラ	11,248,459	27.3%	72.7%	83.7%	98.8%	1.2%	16.3%	99.2%	0.8%
7	バーミンガム	9,595,164	10.1%	89.9%	79.2%	85.1%	14.9%	20.8%	78.5%	21.5%
8	ブリストル	7,944,976	14.5%	85.5%	89.3%	90.4%	9.6%	10.7%	85.9%	14.1%
9	●グラスゴー	6,516,029	44.7%	55.3%	79.3%	87.1%	12.9%	20.7%	86.6%	13.4%
10	◆ベルファスト国際	4,818,214	69.6%	30.4%	93.9%	92.5%	7.5%	6.1%	91.8%	8.2%
11	ニューキャッスル	4,127,035	17.5%	82.5%	85.0%	100.0%	0.0%	15.0%	99.8%	0.2%
12	リバプール・ジョンレノン	3,490,655	21.2%	78.8%	94.3%	99.2%	0.8%	5.7%	94.8%	5.2%
13	リーズ・ブラッドフォード	3,287,968	4.5%	95.5%	93.6%	98.8%	1.2%	6.4%	100.0%	0.0%
14	イーストミッドランズ国際	3,186,367	2.3%	97.7%	95.3%	85.9%	14.1%	4.7%	79.3%	20.7%
15	★ロンドン・シティ	3,009,313	21.9%	78.1%	83.9%	100.0%	0.0%	16.1%	100.0%	0.0%
16	●アバディーン	1,959,883	53.0%	47.0%	48.4%	81.7%	18.3%	51.6%	22.7%	77.3%
17	◆ベルファスト・シティ	1,655,156	96.6%	3.4%	99.8%	92.5%	7.5%	0.2%	0.0%	100.0%
18	ドンカスター・シェフィールド	958,346	0.0%	100.0%	85.7%	41.2%	58.8%	14.3%	20.5%	79.5%
19	カーディフ・ウェールズ	857,397	4.3%	95.7%	93.7%	50.7%	49.3%	6.3%	0.0%	100.0%
20	ボーンマウス	734,344	0.2%	99.8%	95.7%	74.5%	25.5%	4.3%	51.7%	48.3%
21	●インバネス	699,982	91.7%	8.3%	99.6%	96.0%	4.0%	0.4%	79.1%	20.9%
22	サウサンプトン	631,329	77.1%	22.9%	93.6%	96.4%	3.6%	6.4%	100.0%	0.0%
23	●プレストウィック	444,433	0.2%	99.8%	99.9%	99.5%	0.5%	0.1%	0.0%	100.0%
24	エクスター	382,198	35.6%	64.4%	94.5%	26.3%	73.7%	5.5%	0.0%	100.0%
25	ノーリッジ	319,040	13.5%	86.5%	64.6%	40.6%	59.4%	35.4%	0.0%	100.0%
26	●サンボロー	246,390	69.2%	30.8%	0.0%	n.a.	n.a.	100.0%	2.2%	97.8%
27	ニューキー	244,674	69.6%	30.4%	96.7%	99.5%	0.5%	3.3%	100.0%	0.0%
28	ティーズサイド国際	173,006	22.7%	77.3%	100.0%	88.5%	11.5%	0.0%	0.0%	100.0%
29	◆シティ・オブ・デリー	163,379	97.2%	2.8%	100.0%	0.0%	100.0%	0.0%	n.a.	n.a.
30	●カークウォール	123,055	100.0%	0.0%	20.0%	100.0%	0.0%	80.0%	0.0%	100.0%
31	●ストーノウェー	101,121	100.0%	0.0%	0.0%	n.a.	n.a.	100.0%	0.0%	100.0%
32	ハンバーサイド	92,280	17.3%	82.7%	84.4%	74.4%	25.6%	15.6%	0.0%	100.0%
33	★サウスエンド	89,357	0.1%	99.9%	99.5%	99.7%	0.3%	0.5%	23.6%	76.4%

注：空港名のマークは、★ロンドン地域、●スコットランド、◆北アイルランドの立地を意味する。
出所：イギリス航空局 (Civil Aviation Authority) の公表資料に基づき筆者作成。

注目に値する[6]。

近接する都市に複数空港が存在する点に注目すると**表5-3**のように整理できる。これらが存続できている理由としては、空港会社が民営化後に収益重視で集客できる路線を開拓していることに加え、新たな航空会社との交渉を通して就航先の都市数を増やしている点にある。これは「コネクティビティ向上」と表現されているが、地域活性化では重要な視点になる。たとえば、**表5-4**の通りバーミンガム市の人口は神戸市と近似しているだけではなく、周辺都市を含めた人口もほぼ同じになる。バーミンガム近郊には複数の空港が存在するが、それぞれの空港がコネクティビティ向上につながる独自の戦略を打ち出す努力を続けている。それによって、インバウンド（他国から自国への移動者）とアウトバウンド（自国から他国への移動者）の両面で利用者の選択肢が広がっているだけではなく、地域全体の活性化も実現できている。

スコットランド北部については人口密度が低く、離島が多いという地理的特性があるので、都市部の空港と同一視できない。単独での運営が難しいことから、11空港がハイランド・アンド・アイランド・エアポーツ・リミッティッド（HIAL）という組織によって運営されている。同社は株式会社形態をとるが、株主はスコットランド大臣であるので公的企業に相当する。地元の自治体がインバネスを地方ハブと位置づけ、利用者のモビリティ（移動の可能性と容易性）が機能するように地域ネットワークを維持している。MAGとHIALに共通しているのは首都圏とつながる路線だけに頼るのではなく、地元に適した路線を自らの戦略に基づき決めている点である。

---

6 この点については第6章「人口減少化における大学運営」においても言及している。

表5-3　近接する複数空港の事例

地域	空港	2022年乗降客数	順位
イングランド・ロンドン	ヒースロー	61,596,618	1
	ガトウィック	32,831,088	2
	スタンステッド	23,289,652	4
	ルートン	13,322,236	5
	ロンドン・シティ	3,009,313	15
	サウスエンド	89,361	33
イングランド北西部	マンチェスター	23,340,418	3
	バーミンガム	9,595,164	7
	リバプール・ジョンレノン	3,490,655	12
スコットランド南部	エディンバラ	11,248,459	6
	グラスゴー	6,516,029	9
	プレストウィック	444,433	23
北アイルランド・ベルファスト	ベルファスト国際	4,818,214	10
	ベルファスト・シティ	1,655,156	17

出所：イギリス航空局（Civil Aviation Authority）の公表資料に基づき筆者作成。

表5-4　神戸市近郊とバーミンガム市近郊の比較

都市名	人口	都市名	人口
神戸市 ✈	1,510,917	バーミンガム ✈	1,153,000
姫路市	528,459	シェフィールド ✈	582,000
西宮市	482,796	マンチェスター ✈	558,000
尼崎市	458,895	リバプール ✈	494,000
明石市	305,404	コベントリー ✈	376,000
加古川市	259,884	レスター	359,000
芦屋市	95,378	ノッティンガム	327,000
高砂市	88,166	合計	3,849,000
たつの市	74,081		
赤穂市	45,440		
合計	3,849,420		

注：1. ✈は空港があることを意味する。
　　2. 行政区域と現実の都市近郊の経済圏には相違があることに注意しなければならない。
出所：総務省「令和5年住民基本台帳人口・世帯数、令和4年人口動態（市区町村別）」、
　　　イギリス政府統計局（Office for National Statistics）"Population of the United
　　　Kingdom by country of birth, July 2020 to June 2021" に基づき筆者作成。

第4節　空港の果たす役割と自治体の関係

　わが国の空港運営においては、資金やノウハウの面で民間の役割に対する期待が高まってきたが、空港は客を迎えるゲートウェイとして地域振興を支える地域の重要なインフラであり、単に民間に運営を委ねれば良いというわけではない。地域政策の観点ではいかにそれを活用し、地域の発展に役立てるかという側面が重要になる。究極的には、当該地域の産業や観光の振興につとめ、目的地として選ばれる地域づくりが必要で、自治体がより主体的に取り組むべき課題だと言える。

　特に、地方では交流人口の拡大が焦眉の急を要する課題と認識されるようになり、空港を積極的に活用する自治体も現れている。もちろん、定住人口を拡大することは空港の利用者獲得においてもプラスの効果をもたらすが、即座に定住人口を拡大させることは人口減少の局面を踏まえると現実的には困難であり、まずは観光など人々の交流を促し地域経済を活性化させるというシナリオに期待が寄せられる。

　ところが、わが国の国内旅行者数は全体として伸び悩んでいる。日本旅行業協会の「旅行統計2023年版」によれば、コロナ禍直前の2019年度における日本人の1人あたり年間宿泊回数は2.47回、同日帰り旅行回数は2.18回で、この値は2014年から大きく変化していない。また、主要旅行事業者の国内旅行取扱額は年々減少傾向にあり、2011年度の取扱額が3.7兆円であったものが2019年度には2.8兆円にまで減少した。訪日外国人旅行者の急拡大は国内旅行の停滞を打ち消す起爆剤として大いに期待される。訪日客数はコロナ禍で一時落ち込んだとはいえ、2023年4月に感染拡大を防ぐ水際対策措置が緩和されたのちは一気に回復傾向

に転じ、同年10月には単月として2019年同月比100％にまで回復した（JNTO, 2023年11月15日報道発表資料）。

　政府は観光立国の実現に関する基本的な計画として、2023年に「第4次観光立国推進基本計画」を策定した。同計画は「持続可能な観光」「消費額拡大」「地方誘客促進」の3つをキーワードに、持続可能な観光地域づくり、インバウンド回復、国内交流拡大の3つの戦略に取り組むことを示している。一般に旅行客は地域で様々な消費活動を行うことになるため観光産業は裾野が広いと言われる。

　ただし、コロナ禍の前は東京や大阪など特定の都市に観光客が集中するという課題も伴い、地域によっては「オーバーツーリズム」と言われる地域コミュニティとの軋轢も起こっていた。このように、旅行者の多くが都市部に集中するきらいはある。しかし旅行者数の伸び率の観点で言えば、リゾート地の沖縄を除けば四国・中国地方など地方の方が高く推移してきた（**表5-5**）。

　一般に、人々はこれまでに訪問したことのない場所への訪問を望む。このことは外国人旅行者も同様であり、コロナ前に実施した観光庁の「訪日外国人消費動向調査」では、訪日経験の豊富な人ほど地方を訪問する傾向が強いことを把握できる。たとえば、東京を含む関東地方は訪日経験が1〜2回の人の割合が58％、近畿地方は70％を占める。しかし、東北地方では訪日経験3回以上の人が60％、四国地方も51％を占める。つまり今後のリピーターの増加を考えると、地方こそ受け入れ態勢を強化しなければならない。

　ここで注意しなければならないのは、移動手段の問題である。いわゆる地方は都市部のように観光スポットが密集しておらず距離的に離れて点在しているうえに、地方の公共交通は都市部に比

表5-5　2010-19年の宿泊旅行者の年平均成長率

	外国人	日本人	全宿泊者
北海道	17.5%	3.2%	4.7%
東北	15.5%	3.9%	3.7%
関東	13.7%	4.4%	4.6%
北陸	20.0%	3.9%	4.4%
中部	17.0%	4.3%	4.5%
近畿	22.8%	5.5%	6.2%
中国	21.6%	3.9%	4.1%
四国	28.8%	4.4%	4.5%
九州	18.4%	4.2%	4.9%
沖縄	37.5%	8.3%	8.6%

出所：観光庁「宿泊旅行統計調査」各年版から筆者作成。

べると脆弱である。つまり、自治体は観光振興のために航空路線の誘致はもとより、空港へのアクセスや地域内での交通体系のあり方まで包括的に検討しなければならない。

第5節　持続可能な航空サービスの実現に向けて

最近では各地でかつての賑わいを取り戻しつつある。かつて地方では、航空路線の就航や増便に力を入れていた。しかし、それは航空機の就航にあわせて、空港業務（グランドハンドリングや保安業務）が滞りなく遂行できることや、空港からの二次交通を確保できていることがなかば前提として捉えられることも少なくなかった。

なお、二次交通は地元のバス会社等が担っており、これは航空

会社や空港管理者とは全く異なる会社であることはよく知られている。しかし、航空機への旅客誘導や貨物の搭載業務、セキュリティを担当する空港業務も、一部の空港を除いて基本的には二次交通と同じで、航空会社や空港管理者とは異なる会社が担当していることはあまり知られていない。国内大手二社の子会社がグランドハンドリング業務を担当することもあるが、地方空港ではその業務を地元のバス会社などが請け負っていることも多い。また、保安業務は警備会社が担当している。

つまり、路線が開設される際には、基本的には空港業務を担当するそれらの会社と事前調整しておかねばならない。しかし、コロナ禍をきっかけに空港や観光関連で働く人の多くの人が離職してしまった。しかも、最近の航空旅客の回復にあわせて人材をまかなうには至っておらず、人手不足の問題が深刻化している。この状態が続けば航空路線の拡大や増便に対応できず、受け入れ側となる地方では「交流人口の拡大」という大きな政策目標の達成を阻む要因にすらなってしまう。

このように空港業務の分野で人手不足が顕在化したのは、コロナ禍で急激に移動・旅行需要が減少したことにより、業務の必要量が大幅に低下して離職を考える人が増えたことや、採用を抑制せざるを得なかったためとされる（国土交通省, 2023）。しかし、少子化による生産年齢人口が減少する中で、この問題はコロナ禍がなくてもいずれ直面する課題でもあった。このことは空港業務に限らず、運輸業や観光業にも共通している。実際、ドライバーや観光に関連する職の有効求人倍率は全産業の平均を大きく上回る状況で推移してきた。

全産業と比べて空港業務の求人倍率が高いのは、業界として疫病や世界情勢に対して脆弱なイメージが定着したこと以外に、待

遇面での魅力の乏しさも指摘される（国土交通省，2023）。変則的な勤務シフトや空港によっては従業員の休憩室等が十分整備されていなかったり、カスタマーハラスメントの深刻化といった課題もある。

図5-2は「賃金構造基本統計調査」に基づき、これらの職種を全産業の平均年収と比較したものである。空港業務に従事する人の実態を正確に表すデータではないが、大まかな傾向は把握できる。いずれの職種も全産業の平均より低く推移し、30歳以上の賃金の伸びが他業種にくらべて見劣りする。警備職は他の職種よりも早い年齢から年収が減少する。

こう見ると、会社は人に費用をかけていないようにも見えるが、労働分配率（付加価値に占める人件費の割合）を見ると、これらの産業は劣っているわけではなく、むしろ逆である。「経済センサス―活動調査」によれば、コロナ前の2016年調査の実績では、全産業平均の労働分配率が約54％に対して、道路旅客輸送業は約73％、警備業は約71％、宿泊飲食業は約52％である。このことは、これらの産業が労働集約的な性格が強いことを示唆している。

問題はそれらの業界が抱える生産性の低さである。生産性が低い状況では賃上げの原資を捻出することが難しく問題解決に結びつきにくい。図5-3は上の「経済センサス」に基づき、従業員1人あたりの付加価値額を試算したものである。ここでは林（2018）にならい、加算法による付加価値労働生産性を推計している[7]。な

7 　経常利益に人件費（給与総額と福利厚生費の合算値）、減価償却費、動産・不動産貸借料、租税公課を加えて付加価値額を算出し、それを従業員数で除した。ただし、一般的には金融費用として「支払利息」を加えることが多いが、利用したデータ集に該当する項目がないので加算していない。

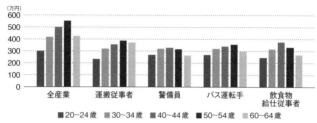

図5-2 職種別・年齢別の平均年収

出所：厚生労働省「賃金構造基本統計調査（令和4年調査）」をもとに筆者集計。

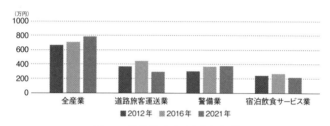

図5-3 従業員1人あたり付加価値

出所：総務省「経済センサス──活動調査」2012, 2016, 2021年版に基づき筆者集計。

お、空港業務のうちグランドハンドリング業務に該当する業種はデータとして存在しないため、ここでは図5-2と同様、比較的関連すると思われる業種を取り上げている。

2021年の結果で、道路運送業と宿泊飲食サービス業の生産性が低下しているのは、コロナ禍による経営の悪化が原因であると考えられる。しかし、その影響がなかった2016年の結果ですら、従業員1人あたり付加価値額は道路運送業で全産業比の約63％（約444万円）、警備業で同・約52％（約368万円）、宿泊飲食サービス業は同・約38％（約271万円）と非常に低い。

仮に、これら3業界の2016年の実績をもとに、1人あたり人

件費（福利厚生費を含む）が全産業平均並みに引き上げられた場合も試算した。その場合も、1人あたり付加価値額は全産業平均の約705万円に対して、道路運送業で約500万円、警備業で約487万円、宿泊飲食サービス業で約509万円にとどまる。省力化投資を可能な限り進め、少ない労働力でも稼げる体質に転換する必要がある。

　グランドハンドリング業務で言えば、端的には受託料の引き上げやイノベーションによる省力化、人材やハンドリング機材を各社で共有化することなどが当面の具体策となろう。また、業務の繁閑差をなるべく小さくし平準化を図るために、航空会社にダイヤを調整してもらうことも検討材料である。空港業務に関連する事業者は、2023年8月にはじめて「空港グランドハンドリング協会」という業界横断的な組織を設置し、各社協力のもと現場の改善に取り組む方針である。空港の保安に関する業務でも「スマートレーン」に代表されるような自動化・省力化を実現する装置の導入を加速する必要がある。

　空港業務の人手不足の問題は円滑な空港運営や、ひいては地域経済の活性化を図る際の障壁にもなりうるため、国や自治体も含め空港にかかわるステークホルダーが一丸となった取り組みが不可欠である。たとえば施設面での改良に際して空港管理者や空港ビル会社等、関係主体の理解や調整が必要な場合もあるうえ、人材獲得などは地域の課題として取り組む必要もある。また、イノベーションによる生産性の向上は不可避だとしても、個社レベルでの投資には見合わない可能性もあり、その場合には各社連携による共同調達や、国や自治体からの支援も必要になると考えられる。実際、国ではこれらの対策に予算措置を講じるようになった。

　地域の観光振興の一環で路線誘致に躍起になる自治体は多い。

それ自体は地方創生の流れの中で重要な取り組みであり、引き続き取り組む必要がある。ただし、それを加速させるうえで空港業務がボトルネックとなるのであれば、誘致側としても観光振興のためにこそ空港業務の支援策をハード・ソフトの両面から考える必要がある。

参考文献

石田哲也・野村宗訓 (2014)『官民連携による交通インフラ改革 —— PFI・PPPで拡がる新たなビジネス領域』同文舘出版.

関西空港調査会監修　加藤一誠・山内芳樹・引頭雄一編著 (2014)『空港経営と地域 —— 航空・空港政策のフロンティア』成山堂書店.

関西空港調査会監修　加藤一誠・西藤真一・幕亮二・朝日亮太編著 (2021)『航空・空港政策の展望 —— アフターコロナを見据えて』中央経済社.

関西学院大学産業研究所編 (2014)『航空競争と空港民営化 —— アビエーション・ビジネスの最前線』関西学院大学出版会.

切通堅太郎・西藤真一・野村実・野村宗訓 (2021)『モビリティと地方創生 —— 次世代の交通ネットワーク形成に向けて』晃洋書房.

国土交通省 (2023)「空港業務の持続的発展に向けたビジョン」(「持続的な発展に向けた空港業務のあり方検討会」中間とりまとめ)

野村宗訓・切通堅太郎 (2010)『航空グローバル化と空港ビジネス —— LCC時代の政策と戦略』同文舘出版.

野村宗訓編著 (2012)『新しい空港経営の可能性 —— LCCの求める空港とは』関西学院大学出版会.

林克彦 (2018)「トラック運送事業における労働力不足と労働生産性」『物流問題研究』第67号, 38-48頁.

Graham, A. (2023) *Managing Airports: An International Perspective*, 6th ed., Routledge.

第6章

人口減少下における大学運営

野村 宗訓

　日本では、大学進学を目指す18歳人口は1992年にピークとなり、その後は減少傾向をたどっている。大学教育に直接的に関与しているのは、学生と保証人、教員と職員であるが、入学前の受験生と高校・予備校の関係者、卒業後の就職先である企業や組織からも大学運営は注目を集めている。また、新設大学や新学部設置の計画段階から候補地や立地先の地方自治体と住民の関心も高くなる。実際には少子化の進行と大学数の増加に関しては矛盾する面もあり、大学の再編統合も進められているために、地域社会に与える影響は大きくなっている。

　大学運営が文部科学省の規制に従って成り立っていることは言うまでもない[1]。教育現場では学生数と教員数の比率が適正であるのか、授業内容が体系的に構成されているのか、授業時間が確保できているのか、大学運営を見直すシステムが機能しているのか

1　大学は教育基本法、学校教育法、大学設置基準、国立大学法人法、公立大学法人法、私立学校法などの法律に基づき運営されている。

など、基本的なサービスが提供できているかが問われている。大学は産官学連携の1つの拠点となるので存在価値は高いが、地域社会との関連性から考察されることは少ない[2]。本章では、大学が立地している自治体の人口規模や留学生の受け入れ状況の点から実態を把握する。現実には地方に立地する大学が厳しい状況にあることを確認し、公的支援に基づき地域社会が一体となって人材育成に尽力する方向で打開策が探られている点を明らかにする。

第1節　大学数・学生数に関する現状把握

まず、表6-1から日本の大学数がどのように推移してきたのかを把握する[3]。その数はこれまで一貫して増え続け、2022年度には807校に達している。1990年からの動向を見ると、国立は微減傾向にあり、公立は2.6倍、私立は1.7倍の変化を示している。私立の比率は近年の数値では約77%になっている。

次に、文部科学省の学校基本調査において各種の統計が明らかにされているが、その中の「都道府県別　学校数及び学生数」から以下のような実態を確認することができる。全国の大学に在籍する学生数は、2023年段階で約300万人となっている。上位10位の都道府県は表6-2の通りである。首位の東京都だけをとって

---

[2] 両角（2020）では日本の大学経営の全体像が体系的に分析されている。また、マネジメントの観点から簡潔に解説した文献としては小方（2020）がある。石原・荒木（2017）は大学経営の国際化に焦点をあてている。

[3] 公立大学数については法人化や私立大学の公立大学化もあった点に注意を要する。詳しいデータは「公立大学ファクトブック2022」に掲載されている。
https://www.kodaikyo.org/wordpress/wp-content/uploads/2023/11/factbook_2022_231128.pdf

表6-1 大学数の推移

年	計	国立	公立	私立	私立比率(%)
昭和30（1955）	228	72	34	122	53.5
35（1960）	245	72	33	140	57.1
40（1965）	317	73	35	209	65.9
45（1970）	382	75	33	274	71.7
50（1975）	420	81	34	305	72.6
55（1980）	446	93	34	319	71.5
60（1985）	460	95	34	331	72.0
平成2（1990）	507	96	39	372	73.4
7（1995）	565	98	52	415	73.5
12（2000）	649	99	72	478	73.7
17（2005）	726	87	86	553	76.2
22（2010）	778	86	95	597	76.7
27（2015）	779	86	89	604	77.5
28（2016）	777	86	91	600	77.2
29（2017）	780	86	90	604	77.4
30（2018）	782	86	93	603	77.1
令和元（2019）	786	86	93	607	77.2
2（2020）	795	86	94	615	77.4
3（2021）	803	86	98	619	77.1
4（2022）	807	86	101	620	76.8

出所：文部科学省（2023）『文部科学統計要覧（令和5年版）』「11. 大学」．
https://www.mext.go.jp/b_menu/toukei/002/002b/1417059_00008.htm

も26.3％を占めている。10位までの都道府県を含めると、73％の学生が集中している点が明らかになる。10位の北海道だけ9万人台だが、9位までは10万人を超える学生数を擁している。

さらに、東京都23区と20の指定都市に焦点をあてた統計も公表されている。その在籍学生数は約145万人であるが、これは全

表6-2　全国上位10都道府県の学生数（2023年度）

	全国の学生数	2,945,599	100.0%
1	東京都	775,005	26.3%
2	大阪府	254,809	8.7%
3	愛知県	194,846	6.6%
4	神奈川県	188,900	6.4%
5	京都府	169,124	5.7%
6	兵庫県	124,822	4.2%
7	福岡県	121,714	4.1%
8	千葉県	119,099	4.0%
9	埼玉県	112,757	3.8%
10	北海道	90,651	3.1%
	上位10の都道府県	2,151,727	73.0%

注：学生数については在籍する学部・研究科の所在地によっている。学生数には学部生のほか大学院、専攻科、別科の学生、科目等履修生も含まれる。
出所：https://www.e-stat.go.jp/stat-search/files?page=1&layout=datalist&toukei=00400001&tstat=000001011528&cycle=0&tclass1=000001212520&tclass2=000001212545&tclass3=000001212546&tclass4=000001212548&tclass5val=0

表6-3　東京23区を含む上位10都市の学生数（2023年度）

	23区と20指定都市	1,449,345	100.0%
1	東京（23区）	567,770	39.2%
2	京都市	150,993	10.4%
3	名古屋市	106,641	7.4%
4	横浜市	87,476	6.0%
5	福岡市	72,594	5.0%
6	神戸市	64,306	4.4%
7	札幌市	51,484	3.6%
8	仙台市	49,814	3.4%
9	大阪市	34,649	2.4%
10	広島市	32,372	2.2%
	23区を含む上位10都市	1,218,099	84.0%

出所：e-Stat（2023）「学校基本調査：都道府県別　学校数及び学生数」に基づき筆者作成。URLは表6-2の通り。

体のほぼ半数にあたる。その上位10都市については**表6-3**の通りである。首位の東京23区だけで約40％もの比率になっている。それに続いて京都、名古屋、横浜、福岡などの大都市部に集中していることがわかる。23区を含む10都市で84％もの比率を占めている。

　大学数の増加により進学率は高くなっているが、少子化に伴う弊害として指摘できるのは、大学間で受験生の奪い合いが起きていることである。東京23区と指定都市に立地する大学に学生が集中する傾向が強いために、それら以外の地方部における大学との格差拡大が顕著になっている[4]。都心近郊に立地する大学が多いので、学生数が都市部に集中するのは当然であるが、地方部における大学が定員数を充足できずに経営危機に陥る問題が起きている[5]。

　留学生についてのデータに注目すると、高等教育機関の総数で見ると1980年代から増加傾向にあり、新型コロナ感染症前には22万人を超えていたが、2022年には18万人まで減少している。さらに、学士課程において留学生の占める比率に関する調査（2020年）から、OECD諸国の平均が5.5％であるのに対して、日本は3.2％にとどまっている結果が出ている[6]。上位3か国はルクセンブルク24.4％、オーストリア18.6％、イギリス16.1％となっ

4　2018年に「地域における大学の振興及び若者の雇用機会の創出による若者の修学及び就業の促進に関する法律」に基づき、東京23区を対象に特定地域内の大学等の学生の収容定員を抑制する方策がとられたが、大きな変化は見られない。

5　私立大学の約53％が定員未充足であり、地方の中小私立大学の収支状況は約40％が赤字傾向となっている。文部科学省（2023b）p. 73.
　日本私立学校振興・共済事業団（2023）に都道府県別の詳細なデータが掲載されている。そこから小規模地方私立大学の経営が厳しいことが読みとれる。

6　文部科学省（2023b）pp. 60-62.

ているのと比較すると、日本の国際化があまりにも遅れていると言わざるを得ない状況にあることがわかる。

第2節　規制改革・大学教育再生の戦略的推進

　政府は国内面での少子化の進展と国際面でのグローバル化やデジタル化などの社会環境の変化に対応できるように、抜本的な教育政策の改革に取り組み始めた。2006年末に約60年ぶりに教育基本法が改正されたのを契機に、政府は教育振興基本計画の策定に乗り出した。文部科学大臣の要請を受けて中央教育審議会において、2007年2月から教育振興基本計画について審議が行われ、翌08年4月に「教育振興基本計画について ──『教育立国』の実現に向けて（答申）」が発表されている。

　大学教育に関する本格的な検討は、中央教育審議会大学分科会において進められ、2008年9月に同大臣から諮問された「中長期的な大学教育の在り方について」を受けて、翌09年6月に「中長期的な大学教育の在り方に関する第一次報告 ── 大学教育の構造転換に向けて」が公表された。その中の第3「人口減少期における我が国の大学の全体像」において下記の3点が明示されていた[7]。

　　(1) 18歳人口の増減や、高等教育への進学動向を踏まえ、
　　　 高等教育機関の整備を計画的に行うことを目的として、昭和

7　中央教育審議会大学分科会（2009）、「第3　人口減少期における我が国の大学の全体像　1　現状と課題」冒頭部.

51年度以降、5回にわたり「高等教育計画」が策定された（平成12〜16年度は「将来構想」）。高等教育計画では、18歳人口の増減等に基づき、計画期間中の進学率や入学定員の規模等を想定した上で、大都市圏における大学等の新増設を抑制するなど、地域別・分野別の抑制方針について定めていた。
（中略）
(2) 人口構造・産業構造・社会構造等が大きく変わる中、大学教育の構造転換に積極的に取り組むことが必要であり、そうした構造転換を想定しつつ、量的規模について検討することが求められる。

その際、我が国が成熟した国家として、大学教育を通じ、知性ある公共的な市民をいかに育成していくかという基本的理念を欠かすことはできない。また、我が国の国際競争力の維持・向上の観点、地域の人口動態の動向、大学教育と対象とする学生像、また、卒業後の進路も踏まえた教育内容・方法、学生支援・学習環境整備等の多様な論点が考えられる。
(3) 量的規模の検討に関連して、大学教育の質保証の前提でもある健全な大学経営を促すために、具体的に制度を見直していかなければならない。また、情報公開の促進も求められ、これらを一体的に検討することとする。

中央教育審議会大学分科会の提言を考慮に入れて、文部科学省は「国公私立大学を通じた大学教育再生の戦略的推進」を目的に誘導型の補助金を提供してきた。主に、「1. 世界に誇れるトップレベルの教育研究活動を実践する大学の機能を飛躍的に高め、世界に発信していくことで、我が国の高等教育・学術研究のプレゼンス向上を図る事業」と「2. 大学における革新的・先導的教育研

究プログラムを開発・実施する取組や、迅速に実現すべきシステム改革を支援・普及することで、大学教育の充実と質の向上を図る事業」が重点的に支援されることになった[8]。

2000年代半ばからは国立大学の法人化を進める機運が高まってきた。その背景には中央教育審議会における議論も影響していた。改革の狙いは「自律的・自主的な環境の下での国立大学活性化」、「優れた教育や特色ある研究に向けてより積極的な取組を推進」、「より個性豊かな魅力ある国立大学を実現」に置かれていた。国立大学はもともと国の内部機関として位置づけられてきたが、独立の法人格を付与することで自律的な活動が可能になり、優れた教育や特色ある研究が促進されるものと期待された。

第3節　公立大学化の推進と地域社会への影響

国立大学のみならず公立大学でも法人化への移行が進められ、一部の公立大学は再編統合の道を選択したが、2004年以降、図6-1に示されるように8組21校の再編統合が行われている。それぞれの事例で個別の事情は異なるが、統合によってブランド力強化と費用削減が狙われたという点に関しては共通しているだろう。公立大学という立場で必ずしも安定的な経営を実現できた訳ではないために、近隣大学との再編統合に踏み切ったと考えられる。実際には関係者から様々な意見が出たために、必ずしも円滑に統合できたわけではない事例もある。今後は名称の統一だけに

8　文部科学省「国公私立大学を通じた大学教育再生の戦略的推進」
　　https://www.mext.go.jp/a_menu/koutou/kaikaku/

終わらせるのではなく、地域社会にプラス効果をもたらす成果が求められる。

　私立でも一部の大学は、近隣大学と統合した事例も見られる。18歳人口の減少と大学の都市近郊立地の影響から地方の大学が

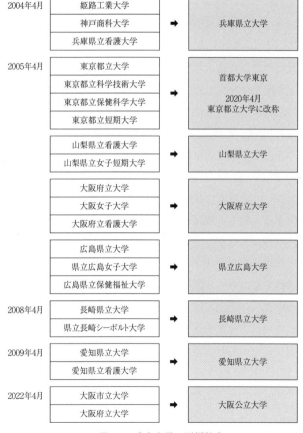

図6-1　公立大学の再編統合

出所：文部科学省（2023b）「公立大学基礎データ」に基づき筆者作成。
https://www.mext.go.jp/a_menu/koutou/kouritsu/detail/1284429.htm

窮地に立たされている。打開策のない場合には、募集停止を経て廃止に至ったところもある。それらとは異なる道として、自治体などが設置団体として関与し、私立大学を公立大学に移行させる事例も見られる[9]。2009年から2023年までの間に進められた公立大学化の動きをまとめると、**表6-4**のように示すことができる。同表は文部科学省の資料「私立大学の公立化に際しての経済上の影響分析及び公立化効果の『見える化』に関するデータ」をベースにしている[10]。表中に収容定員・在籍者数に加えて、大学の学部数・教員数、所在地・自治体の人口、人口に占める在籍者数の比率も記載した。

文部科学省のデータでは、12大学のそれぞれに関して「各大学における特色ある取組、公立化時の目標達成状況」として、「教育の質の向上及び地域貢献のための取組状況」、「地域貢献に関する目標の達成状況」などがグラフと説明文で簡潔に示されている[11]。これらの説明項目は統一されているものの、専門科目を中心に説明する大学もあれば、地域連携の取り組みに重点を置く大学など、内容はまちまちである。

私立大学を公立大学化する理由として、自治体からは「地元の活力を維持するため」と説明されることが多い。しかし、同表から明らかなように実際には2学部以下のところが多く、地域住民の人口との比較で見ても在籍者数が3％を超えるところは1大学しか存在しない。もちろん高齢化した自治体に学生年齢の生活者

---

9 この点については経済活動における民間企業のウエイトを高める政策潮流と逆行する性格を帯びているが、公共サービスを維持する点から大きな批判はない。

10 この資料では「学生数」を「在籍者数」として表記している。

11 地域への貢献度合いに関しては、地域内就職率が重要な指標となるが、公立化後に状況が好転しているわけではないのが実情である。

表6-4 私立大学の公立化事例

大学名	開学年	学部数	収容定員	所在地	在籍者数／人口
設置団体	法人化年	教員数	在籍者数	人口	
1. 高知工科大学	1997	5	2,090	香美市／高知市	
高知県	2009	169	2,302	25,381／319,724	0.01%
2. 静岡文化芸術大学	2000	2	1,280	浜松市	
静岡県	2010	92	1,444	792,704	0.18%
3. 名桜大学	1994	2	2,010	名護市	
北部広域市町村事務組合	2010	110	2,144	64,290	3.33%
4. 公立鳥取環境大学	2001	2	1,176	鳥取市	
鳥取県,鳥取市	2012	62	1,286	183,269	0.70%
5. 長岡造形大学	1994	1	920	長岡市	
長岡市	2014	52	1,066	261,287	0.41%
6. 福知山公立大学	2000	2	818	福知山市	
福知山市	2016	44	854	76,075	1.12%
7. 山陽小野田市立山口東京理科大学	1995	2	1,580	山陽小野田市	
山陽小野田市	2016	115	1,636	60,209	2.72%
8. 長野大学	1966	3	1,410	上田市	
上田市	2017	58	1,451	153,507	0.95%
9. 公立諏訪東京理科大学	2002	2	1,200	茅野市	
諏訪広域公立大学事務組合	2018	54	1,276	54,637	2.34%
10. 公立千歳科学技術大学	1998	1	960	千歳市	
千歳市	2019	41	1,103	97,664	1.13%
11. 周南公立大学	1971	2	1,120	周南市	
周南市	2022	56	1,165	138,104	0.84%
12. 旭川市立大学	1968	2	800	旭川市	
旭川市	2023	58	826	324,186	0.25%

注：人口統計は総務省の「2023年1月1日住民基本台帳人口」、学部数・教員数は各大学の公表資料（2023年5月時点）を参照。
出所：文部科学省「私立大学の公立化に際しての経済上の影響分析及び公立化効果の『見える化』に関するデータ」に基づき筆者作成。
　　　https://www.mext.go.jp/a_menu/koutou/kouritsu/1412396.htm

が暮らしていることで、ある程度の活力は見込めるかもしれないが、現実には高い経済効果が達成できるわけではない。公立大学化が単に「募集停止・廃止の回避策」に終わらないようにするためには、自治体による中長期計画の中での大学改革をめぐる方針の公表が不可欠であり、具体的な活動の継続が求められる。この点こそが公立化に移行したことによって得られるメリットである。

　大学の学部名称の見直しや改組を行い、安定した学生数を受け入れるような教育内容と学内施設が提供されるのであれば、人口に占める比率が伸びる可能性はあるだろう。そのためには、自治体が大学教育の抜本的改革に着手すると同時に、公共交通や学生向け住居を充実させる必要がある。自治体が私立大学の公立大学化に乗り出す以上は、学生が生活するキャンパス周辺の利便性を高めるコーディネーター役を果たさなければ地域社会の貢献にはつながらない。さらに、留学生を対象とする受け入れ体制を整えるには、多言語対応のできる人材と施設が不可欠である。

第4節　イギリスからのインプリケーション

　高等教育で長年の経験を積み重ねてきたイギリスの実態に注目し、以下で日本へのインプリケーションを導き出したい。イギリスの人口は約6700万人であり、長期的に微増傾向を保っている。日本と同様に高齢化と出生率低下という問題をかかえているが、出国者数よりも移民を含めた入国者数の方が上回っている。将来にわたって自国の学生数が増えない予測が明らかになっているため、政府も自治体も他国から留学生を受け入れる方針を貫いている。

大学数は285校で、2021/22年の学生数は約286万人である[12]。この数字は学部生（undergraduate）と大学院生（postgraduate）の両方を含んでいる。学生数は日本とほぼ同じ規模であるが、人口の違いと留学生比率を考慮すると単純比較することが適切であるとは言えない。大学のタイプは基本的に公的資金で運営されてきた国立総合大学が中心的な存在であるが、285校・286万人の数字には単科大学（College）や1990年代の規制改革によって職業訓練専門校（Polytechnic）から大学（University）に転換したところもカウントされている。

　在籍者が1万人を超える大学は110校（39%）で、学生数は約260万人（91%）になる。逆に、1万人以下の大学は175校（61%）で、学生数は約26万人（9%）である。3万人を上回る大規模大学に注目すると、表6-5の23校で学生数では全体の34%になる。同表から学生数が多い大学が首都ロンドンだけではなく、全国の地方都市に分散していることがわかる。さらに、自国生のみならず留学生の比率が高いという特徴も読みとれる。留学生比率が20%以上の大学が18校もある。その内訳を調べると、留学生比率が極めて低い一例を除いて[13]、EU域内ではなく、域外からの留学生の方が多くなっている[14]。

　イギリスの大学にはブランド力があるので、世界から学生が集まってくるという面もあるが、日本が参考にすべき点として以下の点があげられるだろう。まず、留学生を受け入れる上で基本的

12　このデータは次の資料から引用している。Higher Education Statistics Agency（2023），'HE Student Data: Who's studying in HE?'
https://www.hesa.ac.uk/data-and-analysis/students/whos-in-he
　邦語資料として、文部科学省（2023a）が参考になる。

13　ランキング首位のThe Open Universityは日本の放送大学に相当する。

14　内訳の詳細については割愛するが、表6-5の出所に示した資料から入手できる。

表6-5 イギリスにおける3万人以上の大規模大学

順位	在籍者3万人以上の大規模大学	学生数	自国生比率	留学生比率
1	The Open University	151,840	99.7%	0.3%
2	University College London	46,830	48.4%	51.6%
3	The University of Manchester	46,410	60.8%	39.2%
4	The University of Glasgow	42,980	59.6%	40.5%
5	King's College London	41,490	58.7%	41.3%
6	The Nottingham Trent University	41,465	84.1%	15.9%
7	The University of Edinburgh	41,250	56.2%	43.8%
8	Coventry University	38,190	59.2%	40.8%
9	The University of Birmingham	37,990	74.8%	25.2%
10	University of Nottingham	37,260	77.8%	22.2%
11	The University of Leeds	37,190	70.1%	29.9%
12	University of the West of England, Bristol	37,170	78.8%	21.2%
13	The Manchester Metropolitan University	36,980	92.2%	7.8%
14	Anglia Ruskin University	35,195	79.6%	20.4%
15	Ulster University	34,550	65.1%	34.9%
16	Sheffield Hallam University	34,535	84.9%	15.1%
17	Cardiff University	33,985	77.9%	22.2%
18	University of Northumbria at Newcastle	32,570	75.4%	24.6%
19	The University of Exeter	32,465	74.9%	25.1%
20	University of Hertfordshire	31,940	58.6%	41.4%
21	The University of Bristol	31,485	71.5%	28.5%
22	The University of Sheffield	30,860	64.5%	35.5%
23	Birmingham City University	30,285	84.0%	16.0%
	23校合計	964,915		

出所：Higher Education Statistics Agency (2023), 'HE Student Data: Who's studying in HE?' において公表されているデータに基づき筆者作成。

な条件として、研究内容が充実している点と卒業後の仕事に生かせる知識が得られるという点があげられる。それに加えて、地方都市の場合には近隣に国際空港があり、二次交通として鉄道やバスのアクセス条件が良いという点である。さらに、住居や買い物など日常生活を過ごすための条件もそろっている。

　大学だけではなく地域全体が留学生を受容できる環境を整えている。歴史的に英領コモンウェルスとの深いつながりもあるが、近年は中国からの留学生が多くなっている。たとえば学生数3位のマンチェスター大学はマンチェスター市と中国企業が展開する「エアポートシティ・マンチェスター」という都市計画に支えられている。マンチェスター空港はマンチェスター市と近隣自治体が株式を保有するマンチェスター・エアポーツ・グループ（MAG）によって運営されているが、この計画を実質的にリードしている主体でもある。マンチェスター大学のほかに、マンチェスター・メトロポリタン大学、サルフォード大学、ボルトン大学やその他の単科大学も存在し、広域で10万人を超える大学生が暮らしている背景には、自治体の推進するグローバルな戦略展開がある。

　イギリスでは自治体が率先して地域振興策として大学運営に大きな役割を果たしているが、政府は大学経営を「輸出産業」としても重視している。教育省（Department for Education）と国際貿易省（Department for International Trade）が中心となり、他国における教育機会の拡大に尽力してきた。重点的な対象エリアとなっているのは、中国・香港、ASEAN諸国、中東、北アフリカ、ラテンアメリカである。とりわけ、マレーシアに複数の大学が設立されている点は注目される。ノッティンガム大学は1998年からマレーシア政府と緊密な協力の下で準備を進めて開学したパイオニアである。イギリスの地方大学が他国の教育に貢献した

ことを契機に、国際的な大学経営が定着している[15]。

第5節　地方創生に向けた新たな制度設計

　国公私立大学を通じた大学教育再生の戦略的推進に関連して、文部科学省は以下のテーマに補助金支出を展開している（文部科学省2024）[16]。従来からの国際化への対応はもちろん継続して含まれているが、地域活性化につながる実践的な教育と社会貢献を意識した人材育成が重視されていることもわかる[17]。

　■Society5.0の実現及びポストコロナ期における高度専門人材の育成
　　○地域活性化人材育成事業～SPARC～
　　○デジタルと掛けるダブルメジャー大学院教育構築事業
　■革新的・先導的教育研究プログラム開発やシステム改革の推進等
　　○卓越大学院プログラム
　　○知識集約型社会を支える人材育成事業
　　○人文・社会科学系ネットワーク型大学院構築事業
　　○大学による地方創生人材教育プログラム構築事業

15　自国学生を送り込むための大学設立ではなく、他国における教育レベルの向上が主たる目的となっている。

16　2023年9月には「急速な少子化が進行する中での将来社会を見据えた高等教育の在り方について（諮問）」が出され、新たな方向性が模索され始めている。https://www.mext.go.jp/b_menu/shingi/chukyo/chukyo0/toushin/1383080_00001.htm

17　地域活性化人材育成事業で示されている「SPARC」は「Supereminent Program for Activating Regional Collaboration」の頭文字である。

○先導的大学改革推進委託事業
○大学入学者選抜改革推進委託事業
■大学教育のグローバル展開力の強化
○大学の国際化によるソーシャルインパクト創出支援事業
○大学の世界展開力強化事業
○【再掲】人文・社会科学系ネットワーク型大学院構築事業（国際連携型）
■先進的で高度な医療を支える人材養成の推進
○高度医療人材養成拠点形成事業
○次世代のがんプロフェッショナル養成プラン
○ポストコロナ時代の医療人材養成拠点形成事業
○大学における高度医療人養成の在り方に関する調査研究

　この中の「大学による地方創生人材教育プログラム構築事業（COC+R）」に注目すると[18]、図6-2のような体制・取組・成果が想定されている。地方創生を実現するためには、「事業協働地域」内の自治体と教育機関が緊密な協力関係の下で、その経済圏における教育と産業を結びつける活動を実践していくことが不可欠と考えられている。

　文部科学省の提案は理想的であるが、実際には人口減少が進む地域における大学経営は厳しい状況が続いている。とりわけ都市部から遠い大学では受験者と入学者の確保が大きな課題である。留学生枠を拡大する措置をとってきた大学も多いが、新型コロナ感染症がまん延してからは以前のように安定的な人数を確保できなくなっている。私学については定員割れなどの理由から経営不

18　「COC+R」は「Center of Community+Regional revitalization」の略記である。

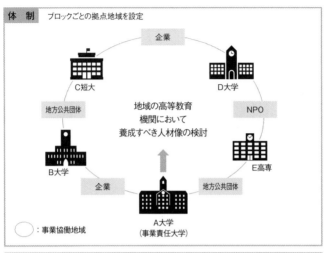

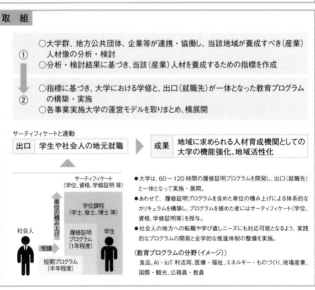

図6-2 地方創生人材教育プログラム構築事業（COC+R）推進のイメージ
出所：文部科学省（2024）p. 8.（紙幅の関係から部分的に加工している。）

振に陥り、他大学との再編統合すらできないところも出てくるだろう。財務改善を目的として受験料や授業料の値上げを実施すると、逆に志願者は減少するという悪循環に陥ってしまう。

日本では高校の進路指導教員や予備校の担当者が発信する情報によって大学のランキングが決まり、ほぼ固定化していると言っても過言ではない。受験生の目線で考えると、自宅から通いやすい大学の人気が高まり、交通の利便性が悪い地域を避けるのは当然であろう。都市部に立地する大学に学生が集まる傾向が強くなっている別の理由として、アルバイトの機会が多いという理由もあげられる。アルバイト代を生活費にあてるのが一般化してきている中で、地方大学は不利な状況に置かれている。

アフターコロナでオンライン授業を残している大学もあるが、学部生のレベルでは対面授業の方が教育効果は高まると考えられる[19]。複数大学による連携協定や地域単位の大学コンソーシアムによって単位互換制度で活性化を狙うことも不可能ではないが、各大学がキャンパス内で授業科目を充実させる努力をしているので、学生にとっては交通費をかけて移動して授業に参加するインセンティブは働きにくい[20]。

授業料値上げとはまったく逆の措置であるが、授業料免除によって学生数を確保しようとする大学や、多様な学生に学びの機

---

19 就職活動における「ガクチカ」を考慮すると、対面でのアクティブラーニングなどの機会を通したコミュニケーション能力向上も重視する必要があるだろう。
20 「大学コンソーシアム京都」のように地域と学生に活力を与えている事例も見られるが、そのような事例は多くない。コンソーシアムについては、「自治体側も首長が変わると方針が一転してしまうという問題」もあり、「どこまで活動が実質的になっているかという点で、疑問も残る」という指摘もある。両角（2020）p. 291.

会を提供する自治体が現れている[21]。成績優秀者を引き留める目的から、そのような支援制度を導入している大学は多いが、経済学的には他の学生が免除者の費用を部分的に負担することになるので、不公平な措置であるという解釈も成り立つ。また、全員ではないとしても多数の学生を対象とした授業料の免除や安易な値引き行動はダンピング競争を招くことになり、これも設備投資を要する大学経営に悪影響を及ぼす。

複数大学の地域コンソーシアム・大学間の単位互換協定から前進するためには、前述の地方創生人材教育プログラム構築事業（COC+R）が効果的であろう。しかし、関係者間の交渉に時間を要する点から政策効果はすぐに現れない。これまで社会人大学院生向けに、鉄道駅や空港ビルにサテライト教室を置いて授業を行っている大学がある。この方法を学部レベルのハンズオンラーニングや国際会議などのイベント開催でも弾力的に活用する方法が当面の打開策になるかもしれない。

地方でも中核都市が存在するわけで、一定のアクセス条件を満たす場所を選定して、授業を行う可能性が模索できる。これは住民参画型リカレント教育にも結びつくメリットがあるだけではなく、鉄道事業者や空港運営組織にとってはMICEの振興にもつながる[22]。文部科学省と国土交通省が協力を深めて自治体を支援し、教育と交通の結節点をベースに大学教育とモビリティ向上をセットにして地方創生の具体策を展開するのも一案であろう。

---

21 兵庫県の「授業料等無償化制度」については以下を参照。
https://www.u-hyogo.ac.jp/campuslife/exemption/

22 日本政府観光局はMICEを「企業等の会議（Meeting）、企業等の行う報奨・研修旅行（インセンティブ旅行）（Incentive Travel）、国際機関・団体、学会等が行う国際会議（Convention）、展示会・見本市、イベント（Exhibition/ Event）の頭文字を使った造語で、これらのビジネスイベントの総称」と説明している。

付記

　図表、脚注、参考文献で示した URL の最終閲覧日は、すべて 2024 年 4 月 7 日である。

参考文献

石原俊彦監修 荒木利雄（2017）『大学経営国際化の基礎』関西学院大学出版会．
大江淳良（2006）「大学コンソーシアムの現在 —— 大学間連携」『高等教育研究』第 9 集, pp. 61-78．
　https://www.jstage.jst.go.jp/article/jaher/9/0/9_61/_pdf
小方直幸編著（2020）『新訂 大学マネジメント論』放送大学教育振興会．
中央教育審議会大学分科会（2009）「中長期的な大学教育の在り方に関する第一次報告 —— 大学教育の構造転換に向けて」．
　https://www.mext.go.jp/b_menu/shingi/chukyo/chukyo4/houkoku/1269944.htm
中央教育審議会大学分科会（2021）「これからの時代の地域における大学の在り方について —— 地方の活性化と地域の中核となる大学の実現（審議まとめ）」．
　https://www.mext.go.jp/content/20220112-mxt_koutou01-000019888-001.pdf
中田晃（2021）「地域と共に考える地方大学の未来　平成期に急増した公立大学の設置政策が示すもの」．
　https://souken.shingakunet.com/higher/2021/05/post-2cb9.html
日本私立学校振興・共済事業団（2023）『令和 5（2023）年度 私立大学・短期大学等 入学志願動向』．
　https://www.shigaku.go.jp/files/shigandoukouR5.pdf
両角亜希子（2020）『日本の大学経営 —— 自律的・協働的改革をめざして』東信堂．
文部科学省（2010）「国立大学法人化後の現状と課題について（中間まとめ）」．
　https://www.mext.go.jp/a_menu/koutou/houjin/__icsFiles/afieldfile/2010/07/21/1295896_2.pdf
文部科学省（2013）「国立大学改革プラン」．
　https://www.mext.go.jp/a_menu/koutou/houjin/__icsFiles/afieldfile/2019/06/17/1418116_01.pdf

文部科学省（2021）『地域で学び、地域を支える。大学による地方創生の取組事例集』.
　　https://www.mext.go.jp/content/20210511-mxt_koutou01-000014454_1.pdf
文部科学省（2023a）「諸外国の教育統計 令和5（2023）年版」.
　　https://www.mext.go.jp/content/20230801-mxt_chousa02-000030997_1.pdf
文部科学省（2023b）「参考データ集 令和5年11月29日版」.
　　https://www.mext.go.jp/kaigisiryo/content/000262485.pdf
文部科学省（2024）「国公私立大学を通じた大学教育再生の戦略的推進」.
　　https://www.mext.go.jp/a_menu/koutou/kaikaku/20240205-ope_dev03-1.pdf
Department for Education and Department for International Trade（2019）*International Education Strategy: global potential, global growth.*
Department for Education and Department for International Trade（2021）*International Education Strategy: Supporting recovery, driving growth.*
Quality Assurance Agency for Higher Education（2010）*UK collaboration in Malaysia: institutional case studies, University of Nottingham Malaysia Campus.*
UCAS（2021）*Where Next?: The Experience of International Students Connecting to UK Higher Education*, Myriad.

第7章

変貌する医療・病院経営
——イギリスの官民連携と地域医療から学ぶ

柏木　恵

第1節　市場の特徴と現状把握

(1) 少子高齢化と人口減少

　将来の日本社会を考えるにあたり、高齢化率、出生率、平均寿命、死亡率、自然増加率を把握する。

　図7-1は『令和5年度高齢社会白書』より抜粋した先進国の高齢化率（単位％）の推移である[1]。日本は2005年に20.2となり、それ以降、世界でもっとも高い高齢化率の国となっている。今後もトップを走り続け、2020年には28.6となり、2030年には30.8、2060年には37.9になると推計されている。イギリスは、2020年には18.7となり、2030年には22.0、2060年には28.2と推計され、日本よりも高齢化のスピードが緩やかである。

　国立社会保障・人口問題研究所の「人口統計資料集2023年改

1　UN（国際連合）の World Population Prospects: The 2022 Revision のデータを使用している。

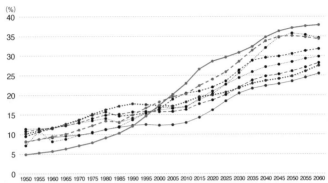

図7-1　先進国の高齢化率の推移 (1950-2060年)

出所：内閣府（2023）『令和5年度高齢社会白書』7頁、図1-1-6「世界の高齢化率の推移」より作成。

訂版』[2]で出生率、平均寿命、死亡率、自然増加率をみていく。日本の合計特殊出生率[3]は、1950年が3.65、1975年には1.91となり、2000年には1.36、2020年は1.33であった。イギリスは、1950年が2.18、1975年には1.81、2000年には1.64、2020年は1.56と日本に比べて減少が緩やかである。2020年時点で日本よりも低いのは、香港、韓国、イタリアである。

　日本は長寿の国と言われている。平均寿命（小数点以下は四捨五入）について、日本は、1950年には男性が57.6歳、女性が60.9歳、1980年は、男性が73.4歳、女性が78.8歳であった。2020年

---

[2] 国立社会保障・人口問題研究所の「人口統計資料集2023年改訂版」表3-6 主要国の出生率，死亡率および自然増加率，表4-5 主要先進国の合計特殊出生率，表5-18 主要国の平均寿命を参照。この資料の原典も注1と同じものである。https://www.ipss.go.jp/syoushika/tohkei/Popular/Popular2023RE.asp?chap=0

[3] 合計特殊出生率は15-49歳までの女性の年齢別出生率を合計したもので、期間とコーホートの2種類があり、1人の女性がその年齢別出生率で一生の間に生むとしたときの子どもの数に相当する。

には、男性が81.6歳、女性が87.7歳となった。2050年には、男性は85.3歳、女性91.4歳になり、2100年には、男性は91.2歳、女性は97.2歳になると推計されている。イギリスは、1950年には男性が66.2歳、女性が70.9歳、1980年は、男性が70.5歳、女性が76.6歳であった。2020年には、男性が78.4歳、女性が82.5歳となった。2050年には、男性は84.7歳、女性は87.2歳になり、2100年には、男性は90.5歳、女性は92.9歳になるとされている。

 日本の死亡率については、1950年には、11.1、2020年には、12.1であったが、2050年には14.6、2100年には14.1になると推計されている。よって、自然増加率は1950年には17.3だったが、2020年には△5.5と減少し、2050年には△7.8、2100年には△6.8と減少していく。イギリスの死亡率は、1950年には11.8、2020年には10.1であったが、2050年には11.0、2100年には11.6と予測されている。自然増加率は、1950年には4.7、2020年には0.1であったが、2050年には△1.6、2100年には△3.1と緩やかに人口減少していく。

(2) 医療の考え方と先進国の医療制度

 経済学では、財・サービスの性質を把握する時に、競合性と排除性で分類することがある。競合性がなく排除不可能なものを公共財とし、競合性があり排除可能なものを私的財、競合性と排除性のどちらかを満たすものを准公共財と呼ぶ。公共財は、制限を受けることなく多数の人が消費でき、ある人の消費が他の人の消費を減少させることのない財やサービスで、一般道路、公園、警察、消防などがあげられる。

 一般的に医療サービスは排除性、競合性があるので、私的財と

分類されやすい。しかし、新型コロナウイルス感染症では、「新型インフルエンザ等感染症」として、2類相当と位置づけられ、行政が様々な要請・関与を行った[4]。医療は保健医療とも呼ばれるように、公衆衛生関係も含まれ、公共財の側面も大きいため、公共財や準公共財と整理されることもある。捉え方によって、医療の位置づけも異なる。

　先進国の医療は、過去の歴史や背景によって制度が異なる（表7-1）。イギリスは税方式の国営医療の国である。ドイツ、フランスは社会保険方式、アメリカでは高齢者と低所得者を除き、医療は基本的に自己負担である。日本はドイツを参考した社会保険方式で、民間医療提供が主体の国である。しかし、日本を含めた社会保険方式の国々は、年々、税財源の割合が増えて税方式に近づき、国営のイギリスは、医療提供の民間委託の割合が増えている[5]。先進国は高齢化が進み、医療に対するニーズも高まる中、各国の医療制度は変容している。

4　新型コロナウイルス感染症は、2023年5月8日から「5類感染症」に変更された。

5　イギリスでは、国営医療提供体制を維持するために、民間部門やボランタリー部門に医療を委託している。その割合は年々増え、柏木（2014）によると、医療予算に対する民間部門・ボランタリー部門への委託割合が、2001年度には、27.5％だったが、2007年度には41.2％、2009年度には、42.3％となった。柏木（2014）25頁、図1-3参照。

表7-1　先進国の医療制度

	日本	ドイツ	フランス	イギリス	アメリカ
制度類型	社会保険方式 ※国民皆保険 ※職域保険及び地域保険	社会保険方式 ※国民の約87%が加入。 ※被用者は疾病金庫もしくは地域ごとに一定所得以上の医療保険に加入。一定所得以上の医療保険者、自営業者、公務員等は強制適用ではない。 ※強制適用のの対象でない者に対しては民間保険への加入が義務付けられておりなお、事実上の国民皆保険。	社会保険方式 ※国民皆保険 ※職域ごとに被用者保険度、非被用者制度(自営業者)等に加入。	税方式による国営の国民保健サービス(NHS) ※全居住者が対象	メディケア・メディケイド ※メディケアで65歳以上の高齢者及び障害者等を対象 ※メディケイドで一定の条件を満たす低所得者を対象 ※2014年から医療保険の加入が原則義務化。現役世代は民間保険加入者(62.2%)で、無保険者が9.1%(2016年) ※2015年から企業に対し医療保険の提供をすることが原則義務化
給付内容	外来診療、入院診療、調剤、歯科診療等の医療サービス	外来診療、入院診療、調剤、歯科診療等の医療サービスのほか、一定の検査等の予防給付、医療リハビリテーション	外来診療、入院診療、調剤、歯科診療等の医療サービス 診療所入院等の場合あり	予防医療、リハビリ、地域保健を含めた包括的な保健医療サービス	入院医療、ナーシングホームサービス、ホスピスケア、在宅医療等の医療サービス
自己負担	自己負担:3割 ・義務教育就学前:2割 ・70歳~74歳:2割 現役並み所得者は3割 平成26年4月以降に新たに70歳になる者は2割 同年3月末までに既に70歳に達している者は1割 ・75歳以上:1割 現役並み所得者は3割 高額療養費制度:年齢・所得に応じた自己負担限度額がある。	・外来:なし ・入院:1日につき10ユーロ(年28日を限度) ・薬剤:10%定率負担(上限10ユーロ、下限5ユーロ)負担に上限値: ・一般患者:年間所得の2% ・慢性疾患患者:年間所得の1%(予防検診受診か疾病管理プログラム参加が要件)	・外来:30% ・入院:20% ・薬剤:35% ※抗がん剤等の代替要のない高額な医薬品0%、抗生物質など著しく効果が認められる医薬品65%、胃薬等70%、有用性の低い薬剤85%、ビタミン剤や強壮剤100% ※償還制であり、一旦窓口で全額を支払う ※公的医療保険による自己負担分を補填するため、共済組合的な性格による相互扶助組織が加入者の収入に応じて保険料を無税出設定され、低所得者は税財源保険料を無税出できる等、公的な側面を有する仕組みに替及している。	原則自己負担なし ※外来処方薬については1処方当たり定額負担(8.40ポンド(2016)では3種類の包括払いがあり、高額療養、低所得者、高齢者については免除制がある、薬剤については免除者が多い。	〈メディケア〉 ・入院(パートA)(強制加入) ~60日:$1,288まで自己負担 61日~90日:$322/日 91日~:$644/日 ※生涯に60日だけ、それを超えた場合は全額自己負担 ・外来(パートB)(任意加入) 年間$166+医療費の20% ・薬剤(パートD)(任意加入) $360までは全額自己負担 $360~$3,310:25%負担 $3,310~$4,850: 45%負担(ブランド薬)/ 58%負担(ジェネリック) $4,850~:5%負担又は$2.95(ジェネリック)/$7.40(ブランド薬)(2016)

出所:厚生労働省(2018)「社会保障制度等の国際比較について」2頁。https://www.mhlw.go.jp/content/10800000/000394936.pdf

(3) 日本の医療制度

　日本の医療は、国民皆保険制度とフリーアクセスの下で、国民が必要な医療を受けることができるよう整備が進められ、国民の健康を確保するための重要な基盤となっている。国民皆保険のため、国民全員に医療保険への加入が義務づけられている。日本の医療保険制度は、職域保険と地域保険に大別される。職域保険は、全国健康保険協会（協会けんぽ）と健康保険組合、船員保険、国家公務員共済組合、地方公務員等共済組合、私立学校教職員共済組合である。国民健康保険は地域保険であり、市町村と国民健康保険組合によって運営されている。75歳以上の国民は、後期高齢者医療制度となり、後期高齢者医療広域連合が運営している。

　日本の医療提供体制[6]であるが、病院数は平成2（1990）年の1万96件をピークに減少して令和4（2022）年は8,156件である。病院の病床数は平成5（1993）年の168万952床をピークに減少して令和4（2022）年は149万2957床である。診療所数は漸増して令和4（2022）年は10万5182件（有床診療所は5,958件、無床診療所は9万9224件）となっている。令和4（2022）年の歯科診療所は6万7755件である。有床診療所の病床数は昭和55（1980）年の28万7835床をピークに減少して令和4（2022）年は8万436床となっている。先進諸外国と比べて平均在院日数が長く、病床数も年々減少しているとはいえ、他国と比べると多いため、病床百床あたりの医師数と看護職員が少ないのが特徴である（**表7-2**）。都道府県別にみた人口10万対病院病床数では、全国全病床の平均は1,195床である。多い順に、高知県の2,328床、鹿児島県の2,026

6　厚生労働省（2023a）を参照。

表7-2 医療提供体制の先進国比較 (2020年)

国名	平均在院日数(日)	人口千人あたり病床数(床)	病床百床あたり臨床医師(人)	人口千人あたり臨床医師数(人)	病床百床あたり臨床看護職員数(人)	人口千人あたり臨床看護職員数(人)
日本	— (16.4)	12.6	20.5	2.6	95.8	12.1
フランス	9.4 (5.7)	5.7	55.4	3.2	164.9#	9.4#
ドイツ	8.7 (7.4)	7.8	57.1	4.5	154.0	12.0
イギリス	6.7 (6.5)	2.4	125.1	3.0	348.9	8.5
アメリカ	— (5.7)	2.8	94.8	2.6	426.2#	11.8#

注:〈原典〉OECD.Stat(令和5年9月7日時点)。
　　平均在院日数の下段弧書きは、急性期病床(日本は一般病床)における平均在院日数である。
　　「#」は実際に臨床にあたる職員に加え、研究機関等で勤務する職員を含む。
出所:厚生労働省ホームページ　https://www.mhlw.go.jp/content/10800000/001152036.pdf

床、長崎県の1,971床、徳島県の1,886床、熊本県の1,879床である。もっとも少ないのは、神奈川県の799床で、埼玉県の857床、愛知県の880床、東京都の892床、千葉県の954床と続く。

図7-2は国民医療費と後期高齢者(老人)医療費の推移である。高齢化および医療の高度化により医療費は年々増加している。令和3年度の国民医療費[7]は45兆359億円、前年度の42兆9665億円に比べ2兆694億円の増加となった。人口一人あたりの国民医療費は35万8800円、前年度の34万600円に比べ1万8200円の増加となった。国民医療費の国内総生産(GDP)に対する比率は8.18%(前年度7.99%)である。都道府県別にみると、東京都が4兆6155億円ともっとも高く、次いで大阪府が3兆4501億円、神奈川県が2兆9956億円となっている。また、鳥取県が2044億円

7　厚生労働省(2023b)を参照。

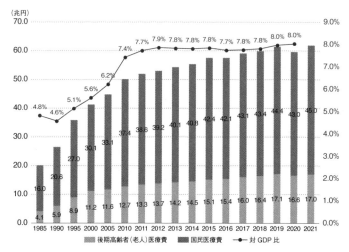

図7-2　国民医療費と後期高齢者（老人）医療費の推移（1985年度-2021年度）
出所：令和5年度厚生労働白書
https://www.mhlw.go.jp/wp/hakusyo/kousei/22-2/kousei-data/siryou/sh0201.html#sec02

ともっとも低く、次いで島根県が2669億円、福井県が2719億円となっている。人口一人あたり国民医療費をみると、高知県が47万1300円ともっとも高く、次いで鹿児島県が44万400円、長崎県が43万3500円となっている。また、埼玉県が31万8100円ともっとも低く、次いで千葉県が32万600円、滋賀県が32万1700円となっている。

第2節　日本の地域医療

　急速な少子高齢化に伴う疾病構造の多様化、医療技術の進歩、国民の医療に対する意識の変化等、医療を取り巻く環境が変化する中で、将来を見据え、どのような医療提供体制を構築するかという中長期的な課題にも取り組む必要がある。また、現在、都道府県間および都道府県内の医師の地域的な偏在、および診療科間の偏在の問題や救急患者の受け入れの問題等に直面しており、これらの問題に対する緊急の対策を講じることも重要である。さらに、今回の新型コロナウイルス感染症の感染拡大の経験を踏まえて、新興感染症発生・まん延時における医療提供体制の構築も求められている。

(1) 医療計画

　医療計画とは、都道府県が、厚生労働大臣が定める基本方針に即し、地域の実情に応じた医療提供体制の確保を図るために策定する計画である。医療法第30条の4で定められている。昭和23 (1948) 年に制定された医療法により、病院の施設基準が創設された。医療施設の量的整備が全国的にほぼ達成されたことに伴い、医療資源の地域偏在の是正と医療施設の連携の推進を目指し、昭和60 (1985) 年の医療法改正により医療計画が導入された。

　平成9 (1997) 年の医療法改正では、要介護者の増大に対し、介護体制の整備、日常生活圏における医療需要に対する医療提供、患者の立場に立った情報提供体制、医療機関の役割分担の明確化

および連携の促進等を行ったもので、都道府県の二次医療圏[8]ごとに、医療計画に、地域医療支援病院、療養型病床群の整備目標、医療関係施設間の機能分担、業務連携が記載されるようになった。平成18（2006）年の医療法改正により、疾病・事業ごとの医療連携体制の記載も追加された。平成26（2014）年の医療法改正では、「地域医療構想」の策定が位置づけられ、平成30（2018）年の医療法改正により、「医師確保計画」および「外来医療計画」も策定される。

「良質かつ適切な医療を効率的に提供する体制の確保を推進するための医療法等の一部を改正する法律」（令和3年法律第49号）による令和3（2021）年の医療法改正では、五疾病（がん、脳卒中、心筋梗塞等の心血管疾患、糖尿病、精神疾患）・五事業（救急医療、災害時における医療、へき地の医療、周産期医療、小児医療（小児救急医療を含む））に、新興感染症発生・まん延時における医療が加えられ、五疾病・六事業となった。自治体は令和5年度中に、第8次医療計画（2024－29年）を策定する。

（2）地域医療構想

平成25（2013）年に成立した「持続可能な社会保障制度の確立を図るための改革の推進に関する法律」（平成25年法律第112号）に基づく措置として、平成26（2014）年6月に成立した「医療介護総合確保推進法」は、効率的かつ質の高い医療提供体制を構築するとともに、地域包括ケアシステムを構築することを通じ、地域における医療および介護の総合的な確保を推進するため、医療

8　二次医療圏は335医療圏（2020（令和2）年4月現在）に及ぶ。

計画の一部として「地域医療構想」が位置づけられた。各地域における 2025 年の医療需要と病床の必要量について、医療機能(高度急性期・急性期・回復期・慢性期)ごとに推計し、「地域医療構想」として策定することとなり、地域医療構想ガイドラインが配られ、平成 28 年度中にすべての都道府県において「地域医療構想」が策定された。

2025 年が近づく中、「全世代型社会保障構築を目指す改革の道筋(改革工程)」(令和 5 年 12 月 22 日閣議決定)では、以下のように整理された[9]。

・2026 年度以降の地域医療構想の取組について、今後、医療・介護の複合ニーズをかかえる 85 歳以上人口の増大や現役世代の減少に伴う医療需要の変化に対応できるよう、2040 年頃を視野に入れつつ、病院のみならず、かかりつけ医機能や在宅医療、医療・介護連携等を含め、中長期的課題を整理して検討を行う。

(3) 公立病院改革

公立病院は、自治体が運営する医療機関で、自治体病院ともいう[10]。令和 2 年度時点で、全国で 853 病院が、地域における基幹的な公的医療機関として、地域医療の重要な役割を担っている。一般診療に加え、過疎地などにおける医療、感染症・救急・小児・周産期・災害・精神などの不採算部門に関わる医療、高度・先進

9 　全世代型社会保障構築会議 (2023) 12 頁を参照。

10 　公的病院は、公立病院に加え、地方独立行政法人、日赤、済生会、北海道社会事業協会、厚生連、国民健康保険団体連合会の病院を指す(医療法第31条)。

医療などを担っている。新型コロナウイルス感染症の発生により、日本の医療提供体制の課題が浮き彫りになるとともに、公立病院が地域におけるセーフティネットであるということが再確認された。

医療提供体制や医師偏在など問題を抱える公立病院のあり方については、長年の検討課題となっている。平成19年度には、「経済財政改革の基本方針2007」で公立病院改革に取り組むことが明記され、総務省は「公立病院改革ガイドライン」を示し、自治体は経営の効率化、再編・ネットワーク化、経営形態の見直しの3つの視点に立った公立病院改革プランを策定した。

平成27年度には、「経済財政運営と改革の基本方針2014」で地域医療構想の策定に合わせ、「新公立病院改革ガイドライン」を策定することとなり、自治体は新公立病院改革プランを策定した。前ガイドラインと大きくは変わらないが、①経営の効率化、②再編・ネットワーク化、③経営形態の見直しに、④地域医療構想を踏まえた役割の明確化が加わり、4つの視点から公立病院改革プランを策定することとなった。また、都道府県の役割・責任が強化された。都道府県は地域医療構想の策定や地域医療構想調整会議の設置が任され、積極的に地域医療の再編・ネットワーク化に参画することが求められた。自治体はこれを受けて、平成27年度、平成28年度に新公立病院改革プランを策定した。

総務省は令和4（2022）年3月29日に「持続可能な地域医療提供体制を確保するための公立病院経営強化ガイドライン」を通知し、令和4年度または令和5年度中に経営強化プランを策定することを要請した。病院の役割・機能を明確化、最適化して、他の医療機関との連携も強化しつつ、持続可能な病院経営を実現することが求められている。

(4) 公立病院の経営状況

　公立病院の経営は以前から厳しく、自治体の財政において長年の大きな課題になっている。セーフティネットとしての役割、民間病院が敬遠する不採算部門の医療を提供するということは赤字を招きやすいということである。不良債務を抱える公立病院は多く、昭和49年度から「病院経営健全化措置」が行われてきた。平成20年度からは、「地方公共団体の財政の健全化に関する法律（平成19年法律第94号：以下、財政健全化法と略記）」が施行され、公立病院を含む公営企業に対しても資金不足比率を指標とすることになった。

　表7-3は、平成19年度から令和4年度の資金不足比率が経営健全化基準以上と資金の不足額がある公営企業事業数である。令和4年度は、資金不足比率が経営健全化基準以上の病院事業は、福岡県小竹町の小竹町立病院事業特別会計の1件である。令和4年度の資金の不足額がある病院事業は14件である。

　表7-4は、平成22年度から令和4年度における公立病院に対する地方財政計画額を示している。病院事業に関する経費のうち、その性質上経営に伴う収入をもって充てることが適当でない経費、その病院事業の性質上、能率的な経営を行ってもなおその経営に伴う収入のみをもって充てることが客観的に困難であると認められる経費については、地方財政計画に計上されている。

　図7-3は、昭和49年度から令和2年度の公立病院の不良債務額、不良債務事業数および不良債務割合を示している。平成26年度から不良債務額が増えだしたが、令和2年度には再び減少した。

表7-3　資金不足比率が経営健全化基準以上と資金の不足額がある公営企業事業数（平成19年度－令和4年度）

(単位:件)

項目(年度)	平成19	平成20	平成21	平成22	平成23	平成24	平成25	平成26	平成27	平成28	平成29	平成30	令和元	令和2	令和3	令和4	累計
水道事業	3	2	1	1	1	0	0	0	0	0	0	0	1	0	0	0	9
簡易水道事業	6	4	3	0	0	0	0	1	0	1	1	1	0	0	1	0	18
工業用水道事業	0	0	0	0	0	0	0	0	0	0	0	0	0	0	0	0	0
交通事業	17	10	9	7	7	3	2	1	1	0	1	0	0	3	3	1	67
電気事業	1	0	0	0	0	0	0	0	0	0	0	0	1	0	0	0	2
ガス事業	0	0	0	0	0	0	0	1	0	0	0	0	0	0	0	0	1
港湾整備事業	0	0	0	0	1	0	1	0	0	0	0	1	0	0	0	0	3
病院事業	53	10	10	9	7	4	2	1	1	1	2	1	0	1	1	1	104
市場事業	9	3	3	4	2	1	1	0	1	0	1	0	0	0	1	0	26
と畜場事業	3	1	1	1	1	0	0	0	0	0	0	0	1	0	0	0	8
宅地造成事業	27	12	5	4	4	4	3	3	3	2	3	2	1	0	1	1	75
下水道事業	13	6	1	1	1	1	1	1	1	1	1	1	1	2	1	1	38
観光施設事業	22	12	11	9	4	4	4	4	2	2	2	2	2	1	1	1	88
その他事業	2	1	1	2	1	1	1	1	1	0	0	0	0	1	1	0	14
計	156	61	49	38	36	20	18	13	10	9	11	7	5	9	7	4	453
資金の不足額がある事業	256	202	162	119	88	69	60	58	47	55	84	86	92	49	44	29	1,500
(うち病院事業)	110	93	79	58	34	31	20	29	24	33	61	63	62	30	21	14	762

出所：総務省ホームページ　各年版健全化判断比率・資金不足比率の概要（確報）より筆者作成。
https://www.soumu.go.jp/iken/zaisei/kenzenka/index8.html

表7-4　地方財政計画額の推移（平成22年度－令和4年度）

(単位:億円)

項目(年度)	平成22	平成23	平成24	平成25	平成26	平成27	平成28	平成29	平成30	令和元	令和2	令和3	令和4
建設改良	2,716	2,637	2,631	2,587	2,555	2,789	2,840	2,857	2,887	2,814	2,843	2,814	2,820
へき地医療対策	123	109	108	103	105	99	103	101	100	100	78	53	46
不採算地区病院	－	388	377	340	353	371	371	375	431	451	564	579	662
結核·精神·感染症医療	567	591	553	578	615	538	515	516	538	536	545	559	562
高度医療	1,191	1,210	1,240	1,274	1,269	1,338	1,488	1,431	1,532	1,554	1,570	1,579	1,626
看護師養成等	306	335	366	336	325	328	329	334	342	349	342	360	398
救急医療	1,034	1,122	1,149	1,148	1,203	1,164	1,152	1,148	1,194	1,198	1,186	1,181	1,206
経営基盤強化対策	1,181	930	911	863	838	636	537	620	574	565	497	486	570
計	7,118	7,322	7,335	7,229	7,263	7,263	7,335	7,382	7,598	7,567	7,625	7,611	7,890

注：平成22年度の経営基盤強化対策の中に、不採算地区病院対策392億円が含まれている。
出所：自治体病院経営研究会編集（2014）45頁・表1-3,（2019）40頁・表1-3,（2022）48頁・表1-3を元に作成。

第7章　変貌する医療・病院経営 ── イギリスの官民連携と地域医療から学ぶ　143

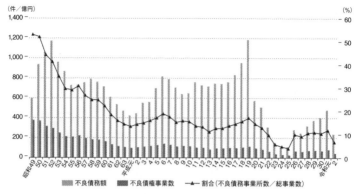

図7-3　公立病院の不良債務額、不良債務事業数および不良債務割合
(昭和49年度－令和2年度)

出所：自治体病院経営研究会編集 (2022) 78-83頁・表1-10より作成。

第3節　規制改革・官民連携の動向

　イギリスでは、1992年のメージャー政権時に、プライベート・ファイナンス・イニシアティブ (Private Finance Initiative：以下PFIと略記) が生まれた。1992年度の財政赤字が名目GDP比で6％となり、通貨統合にむけて、マーストリヒト条約の財政安定条件（財政赤字はGDPの3％以下、公的債務残高はGDPの60％以下）をクリアするため、財政赤字の削減が急務であった。そこで民間企業に資金調達させ債務を移転できるPFIに注目が集まった。また、国有企業の民営化や公共サービスの民間委託、行政組織のエージェンシー化などのサッチャー政権の規制緩和の流れも引き継いでいる。

　このように、PFIの導入目的は、民間企業へリスクを移転し、公共事業の効率化を図ることであった。考え方の基本となったの

は、1991年の『市民憲章』で初めて示されたバリュー・フォー・マネー（Value for Money：以下VfMと略記）である。VfMとは「事業リスクを含む総コスト」から「PFIの調達コスト」を差し引いた値であり、この値が大きいほど効率的であると考えられた。イギリスのPFI件数は、ブレア労働党政権以降に増大した。病院、有料橋、鉄道、学校などの公共施設等の整備等、再開発などに用いられた。イギリスは、2018年10月に、新規のPFIを行わないことを発表した[11]。しかし、契約中のPFIは、契約満了まで継続される。

　一方、日本では、「民間資金等の活用による公共施設等の整備等の促進に関する法律（PFI法）」が平成11（1999）年7月に制定され、平成12（2000）年3月にPFIの理念とその実現のための方法を示す「基本方針」が策定され、PFI事業の枠組みが設けられた。日本では、様々な施設にPFIが導入され、実施件数が伸びている。日本のPFIは独自の発展をしており、従来型のPFIだけでなく、様々な類型が生まれており、コンセッション方式も導入され、令和5（2023）年改訂版のPPP／PFI推進アクションプランでは、ローカルPFIが導入され、人口減少社会の担い手不足が懸念される中、今後が期待されている。

11　ハモンド財務大臣の予算演説を参照。
　https://www.gov.uk/government/speeches/budget-2018-philip-hammonds-speech

第7章 変貌する医療・病院経営 ——イギリスの官民連携と地域医療から学ぶ　145

第4節　自治体対応と地域社会への影響

　日本でもっとも医療 PFI を導入しているのは、東京都である。東京都では、患者サービスの向上を目的として「都立病院改革」を推進し、「都立病院改革マスタープラン」(平成 13 年 12 月)と「都立病院改革実行プログラム」(平成 15 年 1 月)に基づき、都立病院の再編整備を進めてきた。都立病院は 15 病院あるが、そのうち 4 病院に PFI を導入することとした。多摩総合医療センターと小児総合医療センターは、平成 22 (2010) 年 3 月より多摩医療 PFI 株式会社が運営している。駒込病院はがん・感染症医療センターとして、平成 23 (2011) 年 9 月にリニューアルオープンし、株式会社駒込 SPC が運営している。松沢病院は、精神医療センターと再編整備するべく、平成 21 (2011) 年の工事開始後、平成 24 (2012) 年 5 月に新病棟、平成 25 (2013) 年 5 月に社会復帰病棟が稼働を開始し、敷地全体の整備も平成 26 (2014) 年 3 月末に完了し、株式会社メディカルマネジメント松沢が運営している。

　令和 4 (2022) 年 2 月には、多摩メディカル・キャンパス整備等事業が落札され、多摩メディカルキャンパス株式会社が実施することになった。がん医療提供体制を強化するため、東京都がん検診センターをキャンパス内で新たに改築し、内視鏡検査などの精密検査部門の充実等を図り、多摩総合医療センターの別館として新たに「外来がん検査・治療センター (仮称)」(以下「仮称」を省略) を整備する。そして、東京都がん検診センターの解体後、当該跡地に神経病院を改築し、東京都の難病医療の拠点として、「難病医療センター (仮称)」(以下、「仮称」を省略) を整備する。新設する外来がん検査・治療センターおよび難病医療センター、既存の多摩総合医療センターおよび小児総合医療センターについては、

一体的に4つの施設の維持管理・運営業務を行う。

都立病院の運営は、これまでは東京都病院経営本部が行っていたが、令和4 (2022) 年7月より東京都が設置する地方独立行政法人東京都立病院機構が行っている。

第2節で、日本の地域医療について説明してきたが、日本では、地域の実情に応じた医療提供体制の確保を図っており、近年では、地域医療の再編・ネットワーク化が進められている。この事例は、東京都の実情を踏まえた結果、官民連携のPFIを採択し、都立病院の運営も地方独立行政法人化した地域医療の再編・ネットワーク化の事例である。地域によって医療ニーズは異なる。PFIの活用だけが問題解決の手段ではない。それぞれの地域社会の実情に応じて、身近な医療や病院の維持を考えていく必要がある。

第5節　他国事例からのインプリケーション：イギリスのLIFT

イギリスはPFI発祥の国であり、医療PFIは主に急性期の大規模病院に採用された。イギリスの医療は古く、プライマリケアの病院・診療所の老朽化が長らくの課題とされており、ブレア労働党政権時の2000年にローカル・インプルーブメント・ファイナンス・トラスト (Local Improvement Finance Trust：以下LIFTと略記) が生まれた。PFIは財務省主導だが、LIFTは保健省のスキームである。

LIFTとは、プライマリケア施設を統合する仕組みであり、診療所、眼科、歯科、薬局や福祉サービスなどを統合し、ワンス

トップで住民にサービスを行うことを目指している。経営統合が目的ではなく、地理的に集積し利便性を向上させることを目的としている。

LIFTスキームは図7-4のとおりである。保健省とパートナーシップUK（Pertnership UK）が50％ずつ出資したコミュニティ・ヘルス・パートナーシップ（Community Health Partnerships：以下CHPと略記）が20％、民間パートナー企業が60％、プライマリ・ケア・トラスト（Primary Care Trust、以下、PCTと略記）や自治体などが20％出資しLIFT会社（請負業者、建築家、開発者および株式所有共同経営者を含むコンソーシアム）を設立する。LIFT会社は、設計・建設などを行い、20－25年間のプロジェクトを管理する。

LIFT会社は49社（北部17社、中部14、ロンドン10、南部8）あり、LIFT会社を通じてこのプログラムを提供している。これまで342施設に対して250億ポンドの資本投資を提供されてきた。LIFTによる建物はそれぞれの地域コミュニティに組み込まれており、一般家庭医やプライマリケア診療所、136のNHSトラストおよび財団トラストを含む1,300を超えるテナントが入居している。プールやフィットネス施設を備えた8つの健康福祉センターと総合センター（地方自治体のサービスを含む44か所、図書館を備えた24か所）が入居している。12のコミュニティ病院と、5000万ポンドを費やしたバーミンガム歯科病院および歯科学校もLIFTで運営されている。

このように、長年プライマリケア（一般診療、薬局、歯科、眼科の現在の4つの柱）施設を支えてきたLIFTであるが、現在では、LIFTによる新たなプロジェクトは行われていない。地域医療を改めて見直す動きが進んでいるからである。イギリスでは、地域による医療と介護の統合ケアを目指している。2019年1月に公

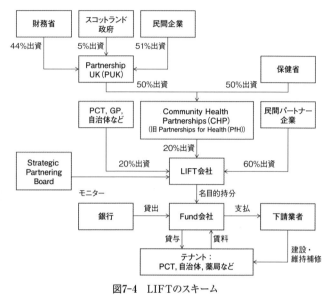

図7-4　LIFTのスキーム

注：GPはGeneral Practioner（一般家庭医）の略。
出所：筆者作成。

表された『NHS長期計画（NHS Long Term Plan）』では、長期計画の中心は統合ケアシステム（Integrated Care System）で、一次医療と病院、精神保健、社会的ケアの統合を提供する実用的で実践的な方法である点が明らかにされた。2021年4月までにすべての地域に統合ケアシステムが用意されることが示されるとともに、在宅ケアの強化も示された。

2022年7月には、42の統合ケアシステムが誕生した。統合ケアシステムは、統合ケア委員会と統合ケアパートナーシップから成る統合ケア事業体、一次医療、二次医療、民間医療、公衆衛生、社会的ケアサービスで形成されている。

2022年5月にはサリー・ハートランド統合ケアシステム（Surrey

Heartlands Integrated Care System）のクレア・フラー博士（Claire Fuller）から報告書（Fuller Stocktake Report）が出された。このレポートは、プライマリケアを統合し、コミュニティの中心にプライマリケアを置き、プライマリケアネットワーク（Primary Care Network：以下 PCN と略記）を統合された近隣チームに進化させるための新しいビジョンを示している。

これを受けて、CHP はプライマリケアデータ収集プログラムを主導した。このデータセットには、不動産の場所、一般家庭医契約、商業属性、建物情報、占有コストなどの不動産情報が含まれている。2021 年 11 月に開始された PCN サービスおよび不動産計画ツールキットの作成にこのデータを活用した。このデータとツールキットは、戦略的医療資産計画および評価ツールである SHAPE に表示され[12]、統合ケアシステムおよび PCN からアクセスしてインフラストラクチャ計画に情報を提供できることとした。このように、イギリスは、新たなプライマリケアの統合に踏み出している。

第6節　サービス維持に向けた新たな制度設計

日本では、新たな効率化手法として、コンストラクション・マネジメント（Construction Management：以下 CM と略記）が注目されている。CM 方式は、1960 年代にアメリカで広がった建設生産・管理システムであるが、日本においても、コスト構成の透明化や発注者内技術者の量的・質的補完の観点から、CM 方式に対

12　詳細については以下を参照。 https://shapeatlas.net/

する関心が高まっている。

　国土交通省では、平成12（2000）年12月に「CM方式研究会」を設置し、CM方式の内容、課題等を整理し、平成14（2002）年2月に、「CM方式活用ガイドライン」のとりまとめを行った。また、国土交通省はCMの事例[13]を紹介しており、病院については、横浜市立脳血管医療センター改修事業、大阪府立病院機構急性期・総合医療センター等病院施設改修事業、広島市民病院等病院施設改修事業、市立藤井寺市民病院施設整備事業、岡山県瀬戸内市民病院新築事業などが掲載されている。その後も導入され続けており、令和6（2024）年2月には岩見沢市新病院実施設計コンストラクション・マネジメント業務が締結された。

　本章では、将来の地域医療の維持を考えるにあたり、そのベースとなる高齢化率や平均寿命、出生率など各種統計を概観し、先進諸外国との比較を交えて、日本の医療制度と地域医療、公立病院の実態を把握した。そして、先進国も、日本と同じ医療の悩みを抱えているため、イギリスの官民連携と地域医療について検討した。これまでの日本は、諸外国の事例も参考にしながら、地域の実態やニーズに応えるべく、また、限られた資源で最大の効果を出すために効率化が図られてきた。医療PFIや地方独立行政法人化、そしてCM方式が導入され、日本独自の発展を続けている。このような各手法が上手く機能し、人口減少・少子高齢化社会において、実情に応じた地域医療の提供がますます望まれる。しかし、イギリスでは、PFIやLIFTを廃止し、新たな方向に進みだした。日本においても、地域住民の一人ひとりが身近な医療や病院の継続性について考え、最適な選択をし続けることが重要だろう。

13　CM方式の活用事例　https://www.mlit.go.jp/common/001137040.pdf

参考文献

柏木恵（2014）『英国の国営医療改革 ── ブレア＝ブラウン政権の福祉国家再編政策』日本評論社.

厚生労働省（2015）「地域医療構想策定ガイドライン」
https://www.mhlw.go.jp/content/10800000/000711355.pdf（2024年3月3日閲覧）

厚生労働省（2023a）「令和4（2022）年医療施設（動態）調査・病院報告の概況」
https://www.mhlw.go.jp/toukei/saikin/hw/iryosd/22/dl/11gaikyou04.pdf（2024年3月3日閲覧）

厚生労働省（2023b）「令和3（2021）年度 国民医療費の概況」
https://www.mhlw.go.jp/toukei/saikin/hw/k-iryohi/21/dl/data.pdf（2024年3月3日閲覧）

国土交通省総合政策局建設振興課監修（2002）『CM方式活用ガイドライン』大成出版社.

自治体病院経営研究会編集（2022）『公立病院経営ハンドブック（令和4年度版）』ぎょうせい.

全世代型社会保障構築会議（2023）「全世代型社会保障構築を目指す改革の道筋（改革工程）について（素案）」
https://www.cas.go.jp/jp/seisaku/zensedai_hosyo/pdf/20231205_soan.pdf（2024年3月3日閲覧）

総務省（2015）「新公立病院改革ガイドライン」

内閣府（2023）「令和5年版高齢社会白書」
https://www8.cao.go.jp/kourei/whitepaper/w-2023/zenbun/05pdf_index.html（2024年3月3日閲覧）

藤澤理恵（2023）「図表でみる医療2023：日本」
https://www.oecd.org/health/health-at-a-glance/Health-at-a-Glance-2023-Japan-Launch.pdf（2024年3月3日閲覧）

Community Health Partnerships (2014) *The impact of the Local Improvement Finance Trust Programme.*
https://communityhealthpartnerships.co.uk/wp-content/uploads/2020/06/Amion-Report-The-Impact-of-the-LIFT-Programme.pdf（2024年3月3日閲覧）

Community Health Partnerships (2018) *The NHS LIFT Programme: Investing in a healthier future.*
https://communityhealthpartnerships.co.uk/wp-content/uploads/2020/06/An-Introduction-to-the-NHS-LIFT-Programme.pdf（2024年3

月3日閲覧）

Fuller, Claire (2022) *Next steps for integrating primary care: Fuller stocktake report.*
https://www.england.nhs.uk/publication/next-steps-for-integrating-primary-care-fuller-stocktake-report/（2024年3月3日閲覧）

NHS England (2019), *The NHS Long Term Plan.*
https://www.longtermplan.nhs.uk/wp-content/uploads/2019/08/nhs-long-term-plan-version-1.2.pdf（2024年3月3日閲覧）

第8章

タイの保健医療制度の発展と新たな展開

金子 勝規

第1節　市場の特徴と現状把握

(1) 人口動態

　タイは東南アジアの中で少子高齢化が進んでいる国の一つである。人口は1960年の2660万人から増加を続けて、2022年の7170万人へとおよそ3倍にまで増加したが、人口増加率は1965年の年3.04％から2022年の0.13％まで低下している。0－14歳の子供の人口は、1981年にはすでに減少に転じて少子化の傾向が見られており、2022年の子供の人口は1960年頃の水準まで落ち込んでいる。2021年には1000人あたりの死亡率[1]が出生率を初めて上回り、自然増による人口の増加が難しくなってきている。一方、65歳以上の高齢者人口は増加を続けており、近年はさらに増加率が上昇している。その結果、65歳以上人口比率で表される高齢化率は、1960年の2.9％から2022年の15.2％まで上昇

1　保健省（2021a）

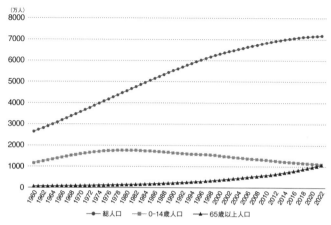

図8-1　タイの総人口、0-14歳人口、65歳以上人口
出所：World Bank Open Data より筆者作成。

して、高齢化率が14％を超える高齢社会にタイも突入している。

　こうした人口の増加は、保健医療制度の整備などにより公衆衛生水準が改善したことの貢献が大きいと考えられる。タイの代表的な保健統計[2]を見ると、乳児死亡率は1960年の101.4から2021年までに7.1へと大幅に低下しており、出生時平均余命は1960年の51.0年から2021年の78.7年へと伸びている。

(2) タイの経済発展と国民医療費

　タイは、経済危機などを経験しながらも過去数十年にわたって目覚しい経済成長を達成した。一人あたり国内総生産（GDP）は、2000年の2004ドルから2022年の6910ドルへと大きな伸びを見

2　World Bank Open Data

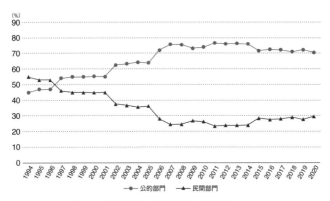

図8-2 公的部門と民間部門の医療費シェア
出所：World Bank Open Data より筆者作成。

せている。2000年以降の経済成長によって地域間格差は縮小しているが、依然としてもっとも貧しい東北部とバンコクの間には大きな経済格差が存在している。

　一人あたりの国民医療費は、2000年の62ドルから2020年の305ドルへと大幅に増加しており、GDPに占める国民医療費の比率は同時期に3.1％から4.4％へと上昇している。これは、1990年以降に社会保障制度の整備が進むにつれてより多くの人が公立病院を受診するようになったことが一因であり、人々の医療受診行動の変化が医療費の増加をもたらした。

　国民医療費を公的部門と民間部門に分けた場合、無保険者が多く存在していた1990年代までは、民間部門のシェアが公的部門のシェアを上回っていた。1997年の経済危機を境にその立場は逆転して民間部門のシェアは低下して、公的部門のシェアが上回る状況が続いている。その後の医療保障制度の拡張もあり、近年までに公的部門と民間部門の比率は約7：3となっていることか

らも公的部門が果たしている役割が大きいと言える。

　現在、タイ国民は3つの公的医療保険・医療保障制度のいずれかに加入することで医療サービスへのアクセスが保証されており、制度上は国民皆医療を達成している。また、国民は健康増進や保健サービスを受ける権利が憲法で保障されており、貧困などの状態にある人の病気の治療や予防医療などにかかる費用は無償化されている。公共財である保健サービスに対して一般的な医療サービスは通常の財と認識されているが、国民への保健医療サービス提供が保障されているタイのような国では、その公共性が非常に高いと考えられる。

第2節　保健医療制度

(1) 国家健康開発計画 [3]

　タイでは、国家健康開発計画に基づいて保健医療制度の整備が進められてきた。第1次国家健康開発計画（1961－66年）では、国家発展の基盤としての病院や保健センターを含む公衆衛生サービスの拡大が強調されていた。しかし、医師と看護師の不足問題の対応を除けば、地方における保健活動や感染症のコントロールなどはあまり重視されていなかった。続く第2次国家健康開発計画（1967－71年）では、農村部への人材の配分に重点を置き、農村部の人々への保健サービスの範囲を拡大している。第3次国家健康開発計画（1972－76年）は、生活の質の向上に重点を置いたものであり、母子保健、家族計画、感染症対策、治療サービスの

3　保健省（2016）pp. 7-10.

改善と拡大などが実施された。また1975年に低所得者向けの無料医療の提供が開始された。第4次国家健康開発計画（1977 - 81年）では、「2000年までにすべての人々に健康を」という目標に向けた様々な戦略が打ち出された。77年に保健ボランティアの研修が実施され、78年には基本的な予防接種プロジェクトが開始された。

第5次国家健康開発計画（1982 - 86年）では、経済構造が輸出産業を中心に再編された時期であるが、国家農村開発委員会の下でコミュニティ参加による統合的な農村開発が強調された時期でもある。保健分野では、人々がプライマリー・ケアへの参加を促すだけでなく、郡レベルにコミュニティ病院を設立すると同時に、助産所を保健センターへ昇格させることで全国遍く保健医療施設を整備している。第6次国家健康開発計画（1987 - 91年）では、事故、心臓病、がん、精神的疾患といった非感染症の問題に加えて、当時の大きな社会問題であったHIV/AIDS対策を重視する政策が実施された。また、この頃から国民皆医療に関する議論も始まっている。第7次国家健康開発計画（1992 - 96年）では、保健センターの役割の増大と標準的なサービス提供に向けた保健医療施設の開発に重点が置かれている。

第8次国家健康開発計画（1997 - 2001年）は、人々の健康における潜在能力の開発、特に健康行動に重点が置かれている。第9次国家健康開発計画（2002 - 06年）からは、ウェルビーイングを重視して、望ましい社会像と医療制度構築、健康開発を進めることを明示している。その中では国民皆医療、健康における平等、健康開発のための役割、使命、組織構造／政府機構の調整、保健医療施設の質の向上、タイの伝統医学・ハーブ・代替医療、健康産業の支援などを進めることが目標とされた。第10次国民保健

開発計画 (2007 − 11 年) では、「良い健康、良いサービス、良い社会」を実現するための保健医療制度への転換を求めている。第 11 次国民保健開発計画 (2012 − 16 年) は、良い統治の原則に基づき地域の智慧を活用した保健医療制度の開発を打ち出している。第 12 次国民保健開発計画 (2017 − 21 年) では、タイ国民の健康増進、疾病予防、消費者保護・環境保護の促進、保健医療サービスのさらなる改善、医療人材管理の効率を高めるメカニズムの開発・構築、保健医療制度ガバナンスの強化を図っている。

(2) 保健医療サービス提供体制

タイの保健医療制度は、疾病予防、治療、健康増進、医療リハビリテーションに関する活動の管理を指し、保健医療サービスは、個人・家族・地域社会における健康増進、疾病および健康上の脅威の予防と管理、疾病の診断と治療、リハビリテーションに関するあらゆるサービスを意味する[4]。同制度の下で保健省を中心に保健医療サービスが提供されている。

タイ保健省は、2013 年以降に全国を 12 地域（各地域は 4 − 8 県、人口規模 400 − 600 万人で構成）に再編成して、地域単位で保健医療サービスを提供している。これは、各県の面積や人口規模が大きく異なっており、県レベルで医療サービス提供の管理や様々な問題に対応することが難しい小さな県も存在することから、規模の経済が働くように複数県からなる地域単位で管理している。

タイの保健医療制度の特徴の一つは、公的部門と民間部門の両部門が保健医療サービスを提供していることである（public-

4　Rojanapithayakorn (2019), p. 94.

private mix)。公的医療施設が全国をカバーしているのに対して、民間医療施設は都市部を中心に保健医療サービスを提供する。以下は保健省がまとめた医療資源調査の報告書[5]をもとに2021年時点の医療施設数等を示している。

2021年時点で保健省が936病院、その他省庁（教育省、防衛省、内務省等）が89病院、その他機関が5病院、地方自治体（バンコク都、パタヤ特別市等）が11病院を開設している。このうち40病院がバンコクで、1001病院が地方で保健医療サービスを提供している。また、地方には保健省管轄下の地域中核病院が34病院、総合病院が92病院、コミュニティ病院が775病院設置されている。病床数では地域中核病院が509 − 1188床、総合病院が150 − 678床、コミュニティ病院が5 − 220床と同一の病院カテゴリーの中にも規模の違いが見られる。さらに、全国9777の健康増進病院を設置しているほか、311のコミュニティ健康センター、4万8049のコミュニティ保健センター、125のコミュニティ保健サービスセンターも設置している。

私立病院は全国326施設[6]が登録されているが、このうちバンコクに95の病院が集中している。病床数で比較すれば、バンコクは1万2940（39.5%）、地方が1万9834（60.5%）とバンコクに大型病院が集中していることがわかる。私立クリニックは2018年に全国に1万7671施設が登録されている。1990年まではクリニックの約4割がバンコクに集中していたが、近年は地方の国立病院に勤務する医師が収入増を目的としてクリニックを開設[7]す

---

5 保健省（2021b）
6 保健省による医療資源調査のため非回答の私立病院のデータが欠落している。
7 タイでは公立病院で勤務する医師の時間外のアルバイトが認められているだけでなく、クリニックを開業して時間外に就労することも認められている。

るケースが増加しており、バンコクの比率は大きく低下している。

全国の病院に設置されている高額医療機器等は、CTスキャン・647台、MRI・221台、結石破砕装置・275台、ガンマナイフ・23台、超音波装置・6531台、透析装置・8471台、救急車両・5693台である。このうちバンコクにはCTスキャン・144台、MRI・78台、結石破砕装置・77台、ガンマナイフ・8台、超音波装置・1372台、透析装置・1632台、救急車両・604台が集中している。タイは長らく高額医療機器への過剰な投資が問題であると指摘を受けてきた。とりわけバンコクにおける人口あたりのCTスキャン数は先進国と比較しても多い。全国の公立病院すべてに高額医療機器等を配置することは、予算面と利用面の両面からも現実的ではなく、結果として地方とバンコクの医療格差を生み出す原因ともなっている。

保健医療人材に関しては、2021年に医師が3万8820人、看護師が18万4840人であり、人口1万人あたり医師数は6.0人、人口1万人あたり看護師数は28.3人となる。バンコクに限ればそれぞれ19.4人、69.0人であり、東北部のブンカン県の1.7人、16.1人と比べて大きな格差が生じている。

(3) 医療保険・医療保障制度

タイの医療保険・医療保障制度は、1945年に近代的な医療保健制度を開始して以来、順次整備が進められてきた。同年から医療施設における医療サービスは有料化されたが、非公式な形で所得の低い人々に対しては無料で提供していた。これは後に低所得者カードスキームや公的扶助制度といった形で制度化されることになる。続いて、ヘルスカード・スキームの前身となる母子健康

基金が 1983 年に設立された。ヘルスカード・スキームは、数度の改革を経て地域ベースの健康保険へと進化することになる。1980 年からは公務員医療給付制度（CSMBS）がスタートし、10 年後の 1990 年からは民間企業の従業員を対象とした被用者社会保障制度（SSS）を創設した。SSS はその後法改正を行い、1994 年にその対象を従業員 10 人以上の事業所すべてに、2002 年からは従業員 1 人以上の事業所すべてに対象を拡大している。

2001 年に試験的に導入され、2002 年に全国展開されたユニバーサルカバレッジ（UC）制度（30 バーツ医療制度とも呼ばれる。以下、UC 制度と略記）は、従来の社会福祉給付制度やヘルスカード・スキームの加入者に無保険者を加える形で制度化されたものである。2002 年時点の全人口の 80％近くの人が加入する最大の公的医療保障制度が誕生したことになる。公務員向けの CSMBS、被雇用者向けの SSS に加えて UC 制度を整備したことで、タイは国民皆医療を達成した。

1991 年時点においてタイの医療保険・医療保障制度の加入率はわずか 33.5％にとどまっていた。しかし、2001 年の UC 制度導入を経て、2003 年には 94.9％にまで上昇し、無保険者はわずか 5.1％にまで低下している。2006 年までに加入率は 96.0％となり、無保険者は 4.0％となっており、医療サービスへのアクセスの障壁が概ね取り除かれている。

この結果、国民医療費に占める自己負担額（out-of-pocket）の比率は 2000 年の 34％から 2020 年までに 10％まで低下している。また高額な医療費が原因で経済的に危機的状況に直面している家計の比率は、1990 年の 7.1％から 2017 年の 2.3％まで低下している[8]。

8　World Bank Open Data

(4) 地域医療の現状

　地域医療の主な提供主体は保健省管轄下の病院である。保健省はバンコクを除く77県を12地域に分けて、各地域の中で医療施設をネットワーク化することで医療サービスを提供している。一次医療は健康増進病院とコミュニティ病院、二次医療はコミュニティ病院と総合病院、三次医療は主に各県の県庁所在地にある総合病院と地域中核病院によって担われている。保健省が定める全国12地域の中心となる県の総合病院は地域中核病院を兼ねており、他県からの患者も受け入れて三次医療を提供している。さらに高度な医療が必要な場合などは、専門病院や大学病院へ搬送されることもある。各県の保健医療行政を担当するのが県保健事務所であり、県主席医務官が統括している。県内の病院長と郡保健事務所長を集めて開催される月例会議において県内外の保健医療関連の情報を共有し、病院間のコミュニケーションを行うことで予算などの病院経営に関する調整が行われる。

　患者はまず健康増進病院やコミュニティ病院内に設置されているプライマリー・ケア・ユニット（PCU）で一次医療を受けて、医師による医療サービスを必要とする場合は二次医療を受けるためにコミュニティ病院へ紹介される。より高度な医療を必要とする場合は、さらに上位の医療機関である総合病院あるいは地域中核病院へ送られる。地域医療の要となっているのは、郡レベルでの保健医療施設であり、いわゆるゲートキーパーの役割を果たしている健康増進病院とコミュニティ病院である。同一郡内に複数の健康増進病院が設置されているが、健康増進病院は看護師3－5人が常駐して住民3000－5000人をカバーすることになる。また、コミュニティ病院(30床)は通常、住民3万－5万人をカバー

しており、医師が3-4人、看護師30人、薬剤師2-3人、歯科医師1-2人が業務に従事している。より多くの住民が居住する郡では、より多くの病床（30-150床）を持つ病院が設置されているが[9]、コミュニティ病院の中には、患者が多すぎるために病棟の通路部分にベッドを置いて患者を受け入れている病院もある。こうした状況下でリファラル制度は地域医療における重要な役割を果たしており、資源制約の中で効率的な保健医療サービス提供制度に欠かせないものである。

タイの地域医療の最大の課題は、医師や看護師といった医療従事者が不足していることである。2010年代に入り改善が見られるが、近隣のシンガポールやマレーシアと比較しても不足している状況に変わりはない。政府は公立病院勤務の医師に手当てを支給しているほか、時間外のクリニック開業も認めているが、毎年多くの医師が離職している。都市の近接地域では専門医が私立病院へ流出する状況が続いている。看護師の確保においても新卒看護師の採用時に私立病院との競合が見られる。

二つ目は医療サービスの質の確保である。地方の公立病院では比較的少ない医師数に対して患者数が多く、これがサービスの質の向上を妨げている。医師の労働環境は大規模病院と小規模病院の間には大きな違いが存在しており、過度な負担は医療過誤につながる恐れがある。ニュースになるケースは少ないが、医療過誤とみられるケースは多く生じている。看護師などの別の医療専門職とのより一層の業務分担も視野に入れて、医療サービスの質の向上が求められている。

9　Rojanapithayakorn (2019), pp. 212-213.

(5) 私立病院・クリニック

タイでは経済発展につれて私立病院の開業が増えてきている。2022年に事業を継続している私立病院は399（総合病院354、専門病院45）病院で、病床数が100床を超える病院が134病院となっている。外来と入院を合わせれば年間6080万人の患者を受け入れている[10]。

一方、地方の私立病院の多くは、各県の県庁所在地で操業しており、中・小規模の病院が比較的多い。ASEAN経済共同体（AEC）[11]が創設された2015年頃までは、外資による買収を恐れて地方私立病院が国内大手私立病院グループと提携するなどグループ化が進んだ時期もあった。また、国境に近い地域の私立病院は隣接する国からの外国人患者を多く受け入れている。しかし、バンコクの私立病院と異なり、地方私立病院の多くは医師や看護師の確保に苦心しており、医師不足のために院長自らが外来診療を担当せざるを得ないこともある。

「アジアの医療ハブ」を目指してきたタイは、多くの外国人患者を受け入れてきた。2021年に私立病院を受診した外国人患者数は、524万2495人にのぼる。出身国別にみると、ミャンマー、中国、カンボジアがもっとも多い3か国であり、外来外国人患者数ではそれぞれ30.1％、9.1％、9.7％、入院外国人患者数はそれ

10　National Statistical Office (2023), p. 11, p. 16.
11　AECとは、ASEAN（東南アジア諸国連合）が自由貿易地域から、物、サービス、投資、熟練労働者、資本の移動が自由な地域へと進化させるための枠組みであり、医療分野でのサービスの越境も認められている。加盟国は熟練労働者の移動に関する相互認証協定（Mutual Recognition Arrangements: MRAs）を締結しており、医師、歯科医師、看護師などの専門職の域内の移動を認めていく方針に合意している。

ぞれ28.0％、10.2％、9.9％に達している[12]。タイはミャンマー、カンボジア、ラオスと国境を接しており、これらの国からの外国人労働者（不法入国者も含む）が多く、タイで生活をしているだけでなく、医療サービスを受けるために越境するケースも多くみられる[13]。近年は、タイの私立病院がこれら3か国へ進出して総合病院やクリニックを開設する事例もある[14]。この他、中東諸国からも多くの外国人患者を受け入れている。

タイの私立病院の経営上の特徴の一つは、証券取引所へ上場することが可能なことである。2023年12月現在、24の病院運営会社が上場しており、市場からの資金調達も可能である。タイ最大のBANGKOK DUSIT MEDICAL SERVICES（BDMS）は時価資本総額でおよそ4450億バーツ（約1兆7800億円：1バーツ≒4円）という巨大な病院グループである。「Medical hub of Asia Pacific, moving toward sustainable healthcare」というビジョンの下で、Bangkok病院グループ、Samitivejグループ、BNH、Royal病院グループ、Phyathai病院グループ、Paolo病院グループという主に6つの病院ブランドのもとで、計58病院をタイ国内外で運営している。同病院グループで働く医師は1万2000人を超え、看護師も1万人を超える。グループ会社には臨床検査サービス、医療機器製造、製薬、IT、医療保険、会計、といったサービスを提供する会社やサウジアラビアにマーケティングオフィスも設置しており、2万6000人を超える従業員をグループ全体で雇用し

12　National Statistical Office（2023），p. 19.
13　Bochaton（2015）はラオス側の国境地域の5村の調査から住民の7-25％がタイの病院で治療を経験していると報告している。
14　例えばカンボジアにはBDMSグループ、ラオスにはカセムラード病院グループ、ミャンマーにはトンブリ病院グループが進出している。

表8-1 タイの一部上場私立病院グループ

病院グループ名	設立年	株式時価総額
AIKCHOL HOSPITAL	1978	2,728.35
BANGKOK CHAIN HOSPITAL	1993	53,615.58
BANGKOK DUSIT MEDICAL SERVICES	1969	444,976.05
BUMRUNGRAD HOSPITAL	1975	179,644.22
CHULARAT HOSPITAL	1986	32,560.00
CHIANG MAI RAM MEDICAL BUSINESS	1974	8,305.10
EKACHAI MEDICAL CARE	2003	5,361.93
THONBURI MEDICAL CENTRE	1977	1,788.19
LADPRAO GENERAL HOSPITAL	1990	3,441.60
MAHACHAI HOSPITAL	1987	11,760.00
WATTANA KARNPAET	1985	1,100.00
NONTHAVEJ HOSPITAL	1979	5,960.00
Patrangsit Healthcare Group	1984	4,200.00
PRARAM 9 HOSPITAL	1989	14,939.70
PRINCIPAL CAPITAL	2000	15,919.82
RAMKHAMHAENG HOSPITAL	1976	35,100.00
RAJTHANEE HOSPITAL	1990	7,875.00
RATCHAPHRUEK HOSPITAL	1993	3,494.40
Safe Fertility Group	2007	5,592.64
SIKARIN	1979	20,849.72
THONBURI HEALTHCARE GROUP	1976	38,347.90
VIBHAVADI MEDICAL CENTER	1986	24,301.06
SRIVICHAIVEJVIVAT	1987	4,593.86
WATTANAPAT HOSPITAL TRANG	1991	4,521.00

注:株式時価総額の単位は100万バーツ(1バーツ≒4円)
出所:タイ証券取引所(SET)ウェブサイトより筆者作成。

表8-2　JCIの認証を受けた病院数 (2024年)

国名	認証病院数
タイ	50
インド	47
中国	35
日本	24
インドネシア	19
マレーシア	15
ベトナム	6
シンガポール、フィリピン	4
台湾、ブルネイ	2
韓国、カンボジア、ミャンマー	1

出所：JCIウェブサイトより筆者作成。(2024年3月3日閲覧)

ている。グループ全体の総収入は1021億バーツ（約4084億円）、純利益は143億バーツ（約572億円）を超える巨大ビジネスグループである[15]。

　タイは、世界的にも医療ツーリズムの目的地として有名である。医療ツーリズム事業を手掛けていると宣伝している私立病院は127病院にのぼる。外国人患者を受け入れるために、国際的な病院認証制度であるJCI（Joint Commission International）の認証を積極的に受ける私立病院が多い[16]。表8-2に示したように、タイはJCI認証済みの病院がアジアでもっとも多い。こうした病院認証制度を利用することで病院サービスの質の向上に努めている。

15　BANGKOK DUSIT MEDICAL SERVICES (2023)
16　世界でタイよりも認証病院が多い国は、ブラジル、サウジアラビア、アラブ首長国連邦（UAE）の3か国のみである。

第3節　病院の経営状況

(1) 国立病院

表8-3は、2023年第4四半期の国立病院の経営状況を表している。全国901病院を病院機能や病床数によって分類すると、地域中核病院（A）、大規模総合病院（S）、小規模総合病院（M2）、コミュニティ病院（121床以上、リファラル受入可）、大規模コミュニティ病院（60‒120床）、中規模コミュニティ病院（30‒90床）、小規模コミュニティ病院（30床未満）の7つに分けることができる。一機関あたりの純収入の平均額で見ると、すべての病院分類において支出が収入を上回っていることが分かる。EBITDA[17]では地域中核病院（A）、大規模総合病院（S）、小規模総合病院（M2）が黒字、コミュニティ病院では赤字となっている。国全体では黒

表8-3　病院分類別の国立病院の経営状況

	病院数	純収入（平均）	EBITDA（平均）	黒字病院数	赤字病院数	リスク病院比率
地域中核病院(A)	35	-48,305,916	68,585,191	27	8	62.9
大規模総合病院(S)	55	-10,436,540	25,977,271	30	25	63.6
小規模総合病院(M2)	37	-12,425,760	9,974,081	21	16	73.0
コミュニティ病院(M1)	96	-27,391,081	-13,418,209	22	74	66.7
コミュニティ病院(F3)	101	-16,153,723	-8,657,211	27	74	86.1
コミュニティ病院(F2)	503	-9,592,436	-5,468,224	137	366	83.3
コミュニティ病院(F1)	74	-4,376,219	-839,811	30	44	77.0
合計	901	-13,467,675	-862,282	294	607	78.9

注：リスク病院比率は保健省が定める8段階の財務リスク・レーティングをもとにリスク有の病院の比率を表している。
出所：Ministry of Public Health資料より筆者作成。

17　Earnings Before Interest Taxes Depreciation and Amortizationの略。

表8-4 地域別の国立病院の経営状況

	病院数	純収入(平均)	EBITDA(平均)	黒字病院数	赤字病院数	リスク病院比率
北部	204	-13,094,661	-1,075,299	68	136	82.8
中部	212	-9,833,511	5,889,333	87	125	74.1
東北部	325	-16,226,805	-4,122,664	98	227	87.7
南部	160	-13,154,054	-2,913,927	42	118	81.3

注:リスク病院比率は保健省が定める8段階の財務リスク・レーティングをもとにリスク有の病院の比率を表している。
出所:Ministry of Public Health資料より筆者作成。

字病院が294施設、赤字病院が607施設であり、67%の病院が赤字経営となっている。保健省は国立病院の財務リスクを評価しており、財務リスクがあると評価された病院は全体の78.9%に上る。地域中核病院(A)、大規模総合病院(S)、小規模総合病院(M2)といった高度な医療を提供する施設ほど財務リスクのある病院比率は低くなっている。

表8-4は、地域別の国立病院の経営状況を示している。純収入の平均額はすべての地域で赤字となっているが、赤字額は中部がもっとも小さく、東北部がもっとも大きい。ただし赤字病院の比率(赤字病院数/病院数)では中部がもっとも高く、南部がもっとも低くなっている。財務リスクを抱える病院の比率は中部が74%ともっとも低い一方、東北部ではおよそ9割の病院が財務リスクを抱えていることがわかる。

(2) 私立病院

私立病院の規模別の経営状況について示したものが表8-5である。病床数が多くなるほど、つまり大型の病院になるほど総収

表8-5　規模別の私立病院の経営状況

	総収入（平均）	総支出（平均）	純利益（平均）
11床未満	100.7	61.1	39.6
11-30床	127.2	68.6	58.6
31-50床	234.0	138.2	95.8
51-100床	407.5	232.2	175.3
101床以上	2,201.8	1,278.8	923.0

注：金額の単位は100万バーツ（1バーツ≒4円）
出所：National Statistical Office（2023）

表8-6　地域別の私立病院の経営状況

	総収入（平均）	総支出（平均）	純利益（平均）
バンコク	1748.3	1067.2	681.1
北部	350.9	193.0	157.9
中部	707.8	362.3	345.5
東北部	304.4	165.1	139.3
南部	408.8	246.9	161.9
全国	915.1	529.8	385.3

注：金額の単位は100万バーツ（1バーツ≒4円）
出所：National Statistical Office（2023）

入、総支出、純利益の一機関あたりの平均額は上昇している。特に100床未満と100床以上の病院を金額ベースで比較すると5倍以上の差が見られる。これは大型病院ほど高額な医療機器を用いた高額な医療サービスを提供していることに起因していると考えられる。2011年の同調査[18]の結果と比較すると、この10年の間に11床未満の小規模私立病院では、総収入は約14.6倍、純利益

18　National Statistical Office（2013）

は約 17.2 倍に増大したことになる。一方、101 床以上の大型病院では、総収入は約 2.4 倍、純利益は 2.6 倍に増大している。

一方、地域別に私立病院の経営状況を見てみると、**表 8-6** からバンコクが総収入、総支出、純利益のすべてにおいて全国平均の 2 倍近くに達していることがわかる。総収入を見ると中部が 2 番目に多く、南部、北部、東北部と続いている。これは地域別に見た一人あたり所得の順番と同じで、もっとも貧しい地域である東北部の私立病院の総収入がもっとも少なくなっている。2011 年の同調査[19]の結果と比較すると、この 10 年の間に私立病院の総収入は平均で約 2.5 倍、純利益の平均は約 2.6 倍に増大したことになる。

以上の通り、私立病院の経営状況は改善する傾向にあることが分かる。経済発展によりタイの経済水準の上昇したことの恩恵を受けて、特に私立病院は過去 10 年間に利益率を上げていると見られる。一方、公立病院は財務リスクの評価は改善しているものの、全体としては赤字であることに変わりはなく、政府の財政ポジションによっては経営が行き詰るリスクを抱えていることは明白である。

第 4 節　保健医療制度の特徴と新たな動き

(1) 保健ボランティア

タイは従来、プライマリー・ヘルス・ケア (PHC) を基礎とする保健医療政策を採用してきた。第 4 次国家健康開発計画 (1977 –

19　National Statistical Office (2013)

81年)からPHCプログラムがスタートし、全国のコミュニティで住民による保健ボランティアを制度化するなど、地域に根づいた保健医療プログラムを実践してきた[20]。1つの村には10 - 12人の保健ボランティアがおり、各保健ボランティアが8 - 15世帯を担当している[21]。現在、100万人を超える保健ボランティアが全国で従事している。

保健ボランティアは住民の中から選ばれ、保健省が指定するカリキュラムに従って研修を受けなければならない。公衆衛生に関するニュースを地域住民に伝達し、知識を広め、様々な保健医療活動の調整をするほか、健康増進、疾病サーベイランス、疾病予防などにも関わっており、住民の健康情報を定期的にアップデートしている。保健省が定める範囲内での医薬品や医療用品を使用した応急処置や治療、リハビリテーションサービスも提供する。さらに住民の健康に関する意識や行動に変化をもたらすチェンジ・エージェントの役割も担っている。

高齢化が進むタイ社会において、今後は高齢者介護の分野においても保健ボランティアが重要な役割を果たすことが期待されている。モデルケースの多くは、コミュニティ病院・健康増進病院と地方自治体、コミュニティの協働による活動である。すでに日本の介護制度をモデルとする高齢者介護制度が、全人口の80%が加入する医療保障制度の高齢加入者のみを対象に始まっている。在宅介護サービスは、従来、国立病院が行ってきた在宅医療サービスに介護サービスを加える形で提供されるケースもある。高齢者介護ボランティアを兼任する保健ボランティアも多いが、

---

20 Rojanapithayakorn (2019)
21 保健省 (2011), pp. 11-12.

保健ボランティア自身の高齢化も目立ち始めており、今後の制度の持続性に一抹の不安が残る。

(2) 民間セクターとの連携

公立病院で提供できない治療を私立病院が提供した場合でも、医療保障制度がカバーしている。ある地方の公立病院では、CTスキャンのサービスを提供する民間企業を病院内に誘致して、検査室スペースを提供している。タイは、国民の大部分が仏教徒であり多額の寄付を寺院にしているが、そうした寺院の中には地域のコミュニティ病院に寄付を行うところもある。さらに企業や裕福な個人からの寄付金によって病棟を増設する病院も多く存在している。

一方、民間医療保険や自費の高額医療を提供するイメージの強い私立病院であるが、比較的低所得者層が加入している UC 制度の患者を受け入れる私立病院もある。また、中所得者層が主に加入している SSS の患者向けにサービスを提供している私立病院では、専用の窓口を設置することで自費負担の患者と区別されており、サービスにも差があると言われている。特に、地方では SSS の患者の受け入れに積極的な私立病院も増えている。

この他、公立病院の拡張に際して官民連携（Public Private Partnership：PPP）事業も動き始めている。地方の 60 床のコミュニティ病院を 200 床の病院へとアップグレードする計画[22]で、Build-Transfer-Operate（BTO）方式で総投資額は 100 億円を超える。同病院は工業団地に近接しており、急速な都市成長と人口

22　https://pr.moph.go.th/?url=pr/detail/2/04/184610/

増加が見込まれており、病院の拡張は急務となっていた。通常、コミュニティ病院を120床から200床の病院に格上げするためには長い期間を必要とするが、PPPによってその期間を短縮できることで地域住民の厚生水準の引き上げにつながることが期待されている。

(3) 自治体の新たな取り組み [23]

最近の自治体の新たな取り組みの事例として、バンコク都の「バンコク・ヘルス・ゾーニング」があげられる。2022年に就任した新都知事が新たに打ち出した政策の一つであり、都内を7ゾーンに分けて、ネットワーク管理の効率を向上させることでサービスへの簡単かつ普遍的なアクセスを住民に提供することを目指している。7つのゾーンはそれぞれZone Facilitator、Mentor System、Area Managerによって運営される。ここでバンコク都の病院がZone Facilitatorとなり、ゾーン内のシステム化・組織化、健康政策の推進、事業の監督・追跡調査・サービス品質の改善といった役割を担っている。Mentor Systemは大学病院など高度医療が可能な病院が、カバーするゾーン内の健康増進、疾病予防、治療、リハビリテーション、継続的ケアをサポートするだけでなく、Area Managerの支援を行う。Area Managerは合計69か所の都保健サービスセンターにおいて、担当エリア内のプライマリー・ケアのネットワーク [24] 管理、健康

---

[23] 2024年2月および3月に筆者が訪問したRatchaphiphat Hospital提供の資料を参考にしている。

[24] ゾーン内の歯科クリニック、薬局、医療技師、タイ式医療医師、理学療法士、住民ネットワークなどがプライマリー・ケアに関与している。

データベースの管理、サービス実績とサービス品質の追跡調査を行う。保健医療分野の業務の再編とシステム化、データベース化を進めることでバンコク都内の保健医療サービスの質の向上を目指している。

　この新しい施策の下では、情報通信機器が多くの場面で活用されている。救急サービスでは、ゾーン内の救急の通報が都立病院内に設置された通信指令室に入り、通信指令室の連絡を受けて救急隊が現場へ向かうように一元化している。救急隊員は渋滞した道路や狭い道などを通ることも多いため、救急バイクを使用する。救急隊員はボディカメラを通して、要看護者の状況の情報を随時通信指令室に送ることができる。通信指令室には常時医師が1名在室しており、遠隔医療などにも対応することができる。バンコクは首都であるので財政基盤がもっとも強い自治体であることが、保健医療分野においても独自施策を行うことを可能としている。地方自治体の多くは財政基盤が弱いが、地方分権化の流れの中で自治体首長はリーダーシップを住民から求められ始めており、保健医療分野の住民サービス拡充に関心を持つ自治体は増加している。

第5節　タイ保健医療制度のまとめ

　本章では、経済発展と保健医療制度の整備が進むタイを取り上げて、地域社会における保健医療サービスの提供制度について検討した。タイでは医療機能と役割の分化した保健医療制度となっており、一次医療、二次医療、三次医療を提供する医療機関を分けている。必要に応じてリファラル制度による患者搬送を通し

て、人口あたり医師数が少ないという不利な条件下でも保健医療サービスを効率よく提供することによって、住民のより良い健康を実現している。私立病院では先進国と同様の高度医療も提供されており、地方の公立病院とはサービスの質の点で大きな格差があることは明らかである。しかし、こうした先進医療を提供できる私立病院が存在することは、公立病院も含めたタイの保健医療サービスの質の向上に大きく貢献している。

　また、医療従事者が比較的少ないタイの保健医療制度を維持する上で、保健ボランティアの貢献を評価しないわけにはいかない。少額の経費分は保健省から手当が支給されているものの、保健ボランティアのボランタリズムに負っている部分が大きい。タイでも地方分権化と高齢化社会の進展に伴い、保健医療分野における自治体の役割も大きくなり始めている。従来からの保健省を中心とする保健医療制度から民間部門や地域コミュニティも同様に参画する保健医療制度へと変革が求められている。

付記
　本研究は JSPS 科研費 20K01657 の助成を受けたものです。

参考文献

保健省(2011)『新時代の保健ボランティア・ハンドブック』(กระทรวงสาธารณสุข (2011) คู่มืออสม.ยุคใหม่, ชุมชนสหกรณ์การเกษตรแห่งประเทศไทย,กระทรวงสาธารณสุข)

保健省(2016)「第12次国家健康開発(仏歴2560-2561年)」(กระทรวงสาธารณสุข (2016) แผนพัฒนาสุขภาพแห่งชาติ ฉบับที่ 12 (พ.ศ. 2560-2564), กระทรวงสาธารณสุข)

保健省(2021a)『仏歴2564年保健医療統計』กระทรวงสาธารณสุข (2021a) (สถิติสาธารณสุขพ.ศ. 2564, กระทรวงสาธารณสุข)

保健省(2021b)『仏歴2564年保健医療資源報告書』(กระทรวงสาธารณสุข (2021b) รายงานทรัพยากรสาธารณสุขปี 2564, กระทรวงสาธารณสุข)

Bochaton A. (2015) Cross-border mobility and social networks: Laotians seeking medical treatment along the Thai border. *Social Science & Medicine*, 124, pp. 364-373.

BANGKOK DUSIT MEDICAL SERVICES (BDMS) (2023) *56-1 One Report / 2023*.
https://bdms.listedcompany.com/misc/one-report/20240305-bdms-one-report-2023-en.pdf (2024年3月1日閲覧)

National Statistical Office (2013) *REPORT OF THE 2012 PRIVATE HOSPITAL SURVEY*, National Statistical Office.

National Statistical Office (2023) *THE 2022 PRIVATE HOSPITAL SURVEY*, Ngaanpim Limited Partnership.

Rojanapithayakorn, W. 編 (2019)『Thailand Public Health 仏歴2559-2560』(วิวัฒน์ โรจนพิทยากร (edit) (2019) การสาธารณสุขไทย 2559-2560, กระทรวงสาธารณสุข)

〈ウェブサイト〉

Joint Commission International (JCI)
https://www.jointcommissioninternational.org/ (2024年3月1日閲覧)

World Bank Open Data
https://data.worldbank.org/ (2024年3月1日閲覧)

= おわりに =

　本書は、国際公共経済学会に所属し、公益事業や自治体経営を研究対象としている研究者が、それぞれが専門とする上水道、下水道、電力、鉄道・バス、空港、大学、医療・病院について、地域社会のための公共サービスとは何か、官民連携の実態をどう評価したらいいか、新たな展開の可能性を展望するといった視点から、まとめたものです。最後まで読んでくださった学生、院生、研究者、その他読者の方々に、御礼を申し上げます。本書は、各章のテーマに沿って読んでいただくことができますが、もう一つの読み方として、イギリスと日本の比較を行っている章が大半ですので、全体を通じて、イギリスと日本の違いを知っていただくこともできます。

　国際公共経済学会をご存じない方も多いと思われますので、国際公共経済学会を紹介します。国際公共経済学会は、1985年に、「公共・協同経済研究情報国際センター（Centre Interdisciplinaire de Recherche et d'Information sur les Entreprises Collectives、以下、CIRIECと略記）」の日本支部として設立されました。日本支部は40年近く活動をしています。CIRIECは、市場経済における公共的・協同的要素に関心をよせる学者・実務家による意見交換と研究交流を目的に、1947年にフランス人経済学者のEdgard Milhaud氏によってスイス・ジュネーヴで設立されました。その後、本部は1957年にベルギー・リエージュに移転し、現在では、日本を含め13か国に支部があります。

　CIRIEC本部では、国際活動として、国際科学評議会（International Scientific Council）があり、2021年10月に、その下

の科学委員会公共サービス・公共事業部会（Scientific Commission of Public enterprises / Public services）が発足し、日本支部代表者になったのが、私がこのプロジェクトに関わるきっかけです。3年間の任期で、テーマを決めて数名のプロジェクトを企画する役目でした。野村先生、金子先生、西藤先生、藤原先生にお声がけし、宇野先生には新たに学会員になっていただき、2021年11月3日から、6名で勉強会を開始しました。2022年7月に、私たちは、出版という形で、研究成果を出すことにしました。2022年中に6回の勉強会を開催し、2023年になり、出版社選びを始めました。幸い関西学院大学出版会から出版できることとなり、それぞれが執筆にとりかかることとなりました。2023年から2024年3月までの間に、さらに6回の勉強会を開始し、2024年4月に無事に入稿できました。

　これもひとえに、3年間、協力的にプロジェクトに携わってくださった、先生方のおかげです。心より御礼を申し上げます。出版の流れにつきましては、関西学院大学出版会と対応してくださった野村先生のご尽力のおかげです。厚く御礼申し上げます。また、担当してくださった関西学院大学出版会の田中直哉氏、辻戸みゆき氏にも厚く御礼を申し上げます。最後に、私事ですが、いつも研究に専念できる環境を与えてくださっているキヤノングローバル戦略研究所の福井俊彦理事長と事務局のサポートに心より感謝を申し上げます。今後も研究を継続しながら、執筆や講演、委員会活動、学会活動を通じて、よりよい社会となるように貢献していきたいと思います。

　　　　　　　キヤノングローバル戦略研究所　　柏木　恵

執筆者略歴

編著者

野村宗訓(のむら・むねのり)　はじめに、第3章、第5章(第1〜3節)、第6章

1986年3月　関西学院大学大学院経済学研究科博士課程後期課程単位取得満期退学

1995年3月　博士（経済学）　関西学院大学

2023年4月　福山大学経済学部教授，関西学院大学名誉教授

『モビリティと地方創生 —— 次世代の交通ネットワーク形成に向けて』晃洋書房, 2021年.（共著）

『官民連携による交通インフラ改革』同文舘出版, 2014年.（共著）

『航空グローバル化と空港ビジネス』同文舘出版, 2010年.（共著）

『イギリス公益事業の構造改革』税務経理協会, 1998年.（単著）

『民営化政策と市場経済』税務経理協会, 1993年.（単著）

柏木　恵(かしわぎ・めぐみ)　第7章、おわりに

2014年3月　中央大学大学院経済学研究科博士後期課程修了

2014年3月　博士（経済学）　中央大学

2018年1月　一般財団法人キヤノングローバル戦略研究所　研究主幹

『英国の国営医療改革 —— ブレア=ブラウン政権の福祉国家再編政策』日本評論社, 2014年.（単著）

『図解よくわかる地方税のしくみ』学陽書房, 2014年.（単著）

『自治体のクレジット収納』学陽書房, 2007年.（単著）

執筆者（執筆順）

宇野二朗（うの・じろう）　第1章

2006年2月　早稲田大学大学院政治学研究科博士後期課程単位取得退学
2021年12月　博士（政治学）　早稲田大学
2022年4月　北海道大学公共政策大学院教授

『公営企業の論理——大都市水道事業と地方自治』勁草書房, 2023年.（単著）
『テキストブック地方自治の論点』ミネルヴァ書房, 2022年.（共著）
『ダイバーシティ時代の行政学——多様化社会における政策・制度研究』早稲田大学出版部, 2016年.（共著）
『雇用連帯社会——脱土建国家の公共事業』岩波書店, 2011年.（共著）

藤原直樹（ふじわら・なおき）　第2章

2015年3月　大阪市立大学大学院経営学研究科博士後期課程修了
2015年3月　博士（商学）　大阪市立大学
2022年4月　追手門学院大学地域創造学部, 大学院経営・経済研究科教授

"Public-Private Partnerships and Their Limitations in Sustainable Public Sewerage Industry: A Comparative Analysis of Three Municipal Cases in Japan", Review of Applied Socio-Economic Research, 24 (2), 2022.（単著）
「地方都市における留学生の起業環境整備政策の現状と課題」『国際公共経済研究』第33号, 2022年.（単著）
『地域創造の国際戦略——地方と海外がつながるレジリエントな社会の構築』学芸出版社, 2021年.（編著）
"Administrative Reform for Sustainable Public Water Services in Japan: A Case Study of Sewerage Management Reform", Asian Review of Public Administration, 30 (1 & 2), 2020.（単著）
『グローバル化時代の地方自治体産業政策』追手門学院大学出版会, 2018年.（単著）

西藤真一（さいとう・しんいち）　第4章、第5章（第4・5節）

2005 年 3 月	関西学院大学大学院経済学研究科博士課程後期課程単位取得満期退学
2021 年 12 月	博士（商学）　近畿大学
2023 年 4 月	桃山学院大学経営学部教授

『モビリティと地方創生 —— 次世代の交通ネットワーク形成に向けて』晃洋書房, 2021 年.（共著）

『航空・空港政策の展望 —— アフターコロナを見据えて』中央経済社, 2021 年.（共編著）

『交通インフラの運営と地域政策』成山堂書店, 2020 年.（単著）

金子勝規（かねこ・かつのり）　第8章

2009 年 3 月	神戸商科大学（現・兵庫県立大学）大学院経済学研究科博士後期課程単位取得退学
2009 年 7 月	博士（経済学）　神戸商科大学
2019 年 4 月	大阪市立大学大学院経済学研究科教授
2022 年 4 月	大阪公立大学大学院経済学研究科教授

"Middle Management Development from a Perspective of Human Resource Development: Case Study of the Japanese Automotive Parts Subsidiary in Thailand", HRD Journal, 14 (2), 2023.（共著）

「東南アジアの高齢化社会と高齢者ケア政策」『創造都市研究』第 22 号, 2022 年.（単著）

「東南アジアにおける社会的企業の現状と制度化に関する考察」『国際公共経済研究』第 31 号, 2020 年.（単著）

「ASEAN 保健医療人材の国際労働移動」『アジア研究』第 60 巻第 2 号, 2014 年.（単著）

組織名・人名索引

アルファベット

EDF (Électricité de France)　62, 63
GBR (Great British Railways)　79, 80, 81, 82, 83
HIAL (Highland and Islands Airports Limited)　97
MAG (Manchester Airports Group)　95, 97, 121
NUMO (Nuclear Waste Management Organization of Japan)　58, 59

あ行

オクトパスエナジー　63

か行

原子力損害賠償・廃炉等支援機構　57
原子力発電環境整備機構 → NUMO

さ行

シュタットベルケ　21, 22, 42

た行

中央教育審議会　112, 113, 114
東京電力　42, 53, 57, 58

は行

ハイランド・アンド・アイランド・エアポーツ・リミッティッド → HIAL
バルブ・エナジー　63
フランス電力会社 → EDF
ブリティッシュ・エナジー　62

ま行

マージートラベル　84
マンチェスター・エアポーツ・グループ → MAG
文部科学省　107, 108, 109, 111, 113, 114, 115, 116, 117, 119, 122, 123, 124, 126

や行

UK パワー・ネットワークス　63

ら行

李嘉誠　63
旅客運輸公社　83, 84

用語・事項索引

アルファベット

CM（Construction Management） 149, 150
EBITDA（Earnings Before Interest Taxes Depreciation and Amortization） 168
GX（Green Transformation） 20, 65
LCC（Low Cost Carrier） 89, 90
LIFT（Local Improvement Finance Trust） 146, 147, 148, 150
MICE（Meeting, Incentive Travel, Convention, Exhibition/Event） 126
PFI（Private Finance Initiative） 13, 14, 15, 34, 143, 144, 145, 146, 150
VFR（Visiting friends and relatives） 90

あ 行

アウトバウンド 97
アンバンドリング 36, 52, 54
一般会計繰出 7
医療格差 160
医療計画 137, 138
インバウンド 97, 100
エアポートシティ・マンチェスター 95, 121
エネルギー価格保証 64
エリア一括協定運行 77, 78, 84
汚染者負担の原則 30

か 行

外国人患者 164, 165, 167
活性化再生法 72, 73, 76, 77
簡易水道事業 1, 3, 5, 14, 17, 18
官製市場の開放 13
官民連携 12, 13, 14, 15, 16, 19, 20, 21, 23, 32, 33, 35, 45, 58, 94, 129, 143, 146, 150, 173
疑似民営化 94
規制緩和 10, 32, 45, 64, 70, 72, 78, 143
教育振興基本計画 112
グランドハンドリング 90, 101, 102, 104, 105
グリーントランスフォーメーション → GX
公共施設等運営権 15, 34
航空自由化 89
合計特殊出生率 130
交通政策基本法 73
公立大学化 116, 118
公立病院 139, 140, 141, 150
交流人口 99, 102
高齢化率 129, 130, 150, 153, 154
高齢社会 129, 154
国際連系線 62
国民医療費 135, 136, 155, 161
国民皆医療 156, 157, 161
国民皆保険 134
コネクティビティ 97
コンストラクション・マネジメント → CM
コンセッション 15, 18, 34, 36, 40, 41, 89, 91, 94, 144

さ 行

自己負担額 161
資産維持費 9, 11
自然増加率 129, 130, 131
市町村経営原則 3, 7, 30, 44
死亡率 129, 130, 131, 153, 154

索 引

18歳人口　107, 112, 113, 115
授業料免除　125
出生率　118, 129, 130, 150, 153
上下分離　36, 73, 78, 82
少子高齢化　31, 45, 129, 137, 150, 153
冗長性　47
人口減少　9, 10, 11, 16, 18, 23, 24, 28, 31, 45, 46, 70, 75, 76, 99, 112, 123, 131, 144, 150
水道条例　3
水道ビジョン　14
水道法　1, 2, 3, 6, 7, 13, 14, 15, 18
水道民営化　12, 13
水道用水供給事業　2, 5
総括原価方式　11
総合規制改革会議　13, 14
総コスト負担原則　46

た 行

大学教育　107, 112, 113, 114, 118, 122, 123, 126
大学コンソーシアム　125
第三者委託制度　13, 14
耐震性　9
脱炭素化　20, 60, 61, 65
地域医療構想　138, 139, 140
地域脱炭素化　19, 23
地域鉄道　70, 71, 74
地域独占　6, 51, 60, 64, 65
地域包括ケアシステム　138
地方公営企業法　3, 4, 7
地方創生人材教育プログラム構築事業　122, 123, 124, 126
地方ハブ　97
定期便・チャーター便　95
電力システム改革　54, 56, 58

電力自由化　52, 54, 62
特別管理制度　63
独立採算制　4, 7
独禁法特例法　76

な 行

内際比率　95, 96
内々価格差　11
二次空港（セカンダリーエアポート）　90

は 行

発送電分離　53
PFI法　13, 14, 15, 34, 144
非航空系収入　89
病院グループ　164, 165, 166
病院認証制度　167
複数一括運営　91
フランチャイズ　77, 78, 79, 80, 82, 83, 84
フリーアクセス　134
平均寿命　129, 130, 150
保安業務　101, 102
訪日外国人旅行者　99
保健ボランティア　157, 172, 176
募集停止　116, 118

ま 行

みやぎ型管理運営方式　16
民営化　12, 14, 32, 35, 42, 47, 52, 62, 64, 74, 78, 79, 80, 83, 91, 94, 97, 143
モビリティ　69, 74, 76, 97, 126

や 行

ユニバーサルサービス　46, 51

ら 行

リカレント教育　126
リファラル制度　163, 175
留学生　95, 108, 111, 118, 119, 120, 121, 123
ローカル・インプルーブメント・ファイナンス・トラスト → LIFT
ローコストキャリア → LCC

地域社会のための公共サービス
官民連携の評価と新たな展開の可能性

2024 年 8 月 31 日 初版第一刷発行

編　著　野村宗訓・柏木　恵

発行者　田村和彦
発行所　関西学院大学出版会
所在地　〒662-0891
　　　　兵庫県西宮市上ケ原一番町 1-155
電　話　0798-53-7002

印　刷　協和印刷株式会社

©2024 Munenori Nomura, Megumi Kashiwagi
Printed in Japan by Kwansei Gakuin University Press
ISBN 978-4-86283-382-2
乱丁・落丁本はお取り替えいたします。
本書の全部または一部を無断で複写・複製することを禁じます。